Matti E. Mäkelä · Das Geheimnis der »Magdeburg«

Matti E. Mäkelä

Das Geheimnis der »Magdeburg«

Die Geschichte des Kleinen Kreuzers und die Bedeutung
seiner Signalbücher im Ersten Weltkrieg

Bernard & Graefe Verlag Koblenz

Das Schutzumschlag-Foto und das vordere Vorsatz-Bild zeigen die *Magdeburg*, die 1912 in Dienst gestellt wurde. Die Abbildung auf dem hinteren Vorsatz dokumentiert das Ende des Schiffs und damit den Anfang der Folgewirkungen seiner Geheimdokumente.

Die Kartenskizzen zeichnete Helmut Fechter, Kempten.

Umfang: 139 Seiten

© Bernard & Graefe Verlag Koblenz 1984
Alle Rechte vorbehalten.
Nachdruck und fotomechanische Wiedergabe, auch auszugsweise, nur mit Genehmigung des Verlages.
Herstellung und Layout: Walter Amann, München
Lithos: Repro GmbH, Landshut
Satz: Graphik + Satz GmbH, Bonn
Druck und Bindung: Wiener Verlag, Himberg bei Wien
Printed in Austria
ISBN 3-7637-5424-5

Inhalt

Schiff und Signalbuch

Deutsche und russische Kriegsfahrzeuge sind im Juli 1915 draußen in der Ostsee ohne einander zu sehen. Sie hören nur den Funkverkehr des Gegners.

Auf dem deutschen Flaggschiff erkennt man nicht, wer funkt, an wen und was. Man vermutet nur, daß es russische Wachfahrzeuge seien, die am Eingang der Bucht von Riga patrouillieren.

Auf dem russischen Flaggschiff dagegen braucht man keine irrtümlichen Vermutungen anzustellen, denn der Befehlshaber hat entschlüsselte deutsche Funksprüche in der Hand und liest, wo sich die feindlichen Seestreitkräfte befinden und was sie zu tun beabsichtigen. Er trifft seine Gegenmaßnahmen und setzt mit seinem überlegenen Verband ohne eigene Verluste das deutsche Minenschiff *Albatross* außer Gefecht.

Diesen Sieg und andere bedeutende Vorteile verdanken die Russen dem »erstaunlichsten Glücksfall in der ganzen Geschichte der Geheimschrift«, nämlich den Dokumenten, die nach dem Auflaufen der *Magdeburg* gefunden wurden. Sie werden auch den britischen Bundesgenossen weitergegeben und verhelfen ihnen zu noch größeren Erfolgen.

Es gibt kaum einen Aufsatz oder ein Buch über Funkaufklärung, worin der Fall *Magdeburg* nicht erwähnt wäre.

Im vorliegenden Buch wird zum ersten Mal dargestellt, warum der neue Kleine Kreuzer – trotz Mangel an modernen Kreuzern in der Nordsee – den Ostseestreitkräften zugeteilt wurde, weshalb er in den feindlichen Gewässern strandete und warum wichtige Geheimsachen nicht vernichtet wurden.

Helsinki, Frühjahr 1984

Matti E. Mörkelä

Das Schiff

Fernreise

Ein milder Sommertag auf Madeira im August 1913. Die Reede von Funchal glänzt unter den Sonnenstrahlen. Ein schmuckes Kriegsschiff mit vier Schornsteinen und der deutschen Kriegsflagge liegt vor Anker. Es ist ein kleiner Kreuzer, der Funkreichweitenversuche mit der fernen Heimat durchführt.

Dienstfreie Blaujacken mit dem Mützenband *SMS Magdeburg* beleben die Stadt am großen Bergabhang. Man sieht sie auf den Straßen, in Parks und Läden. Für manche ist das Spielkasino der Hauptanziehungspunkt.

Die meisten verlieren am Spieltisch ihre ganze Kasse. Unter den Glücklichen, denen es umgekehrt ergeht und die rechtzeitig aufhören, ist der junge Leutnant zur See Walther Bender. Mit vielen schönen Scheinen

in der Brieftasche kommt er zufrieden heraus und sieht sich um. Welches Andenken an Funchal sollte er nun beschaffen?

Da bemerkt er einen kleinen reizenden Hund, einen Zwergbernhardiner, ist entzückt und kauft ihn. An Bord tauft er ihn auf Schuhm. Bald hat er ihn stubenrein und bringt ihm bei, zu gewissen Zwecken immer bis vorn zur Ankerklüse zu laufen.

Die ganze Besatzung vernarrt sich in den kleinen Kerl und versucht, ein Problem zu lösen, das in der Heimat im Hauptliegehafen Kiel entsteht. Oft läßt der Herr sein Schühmchen an Bord, wenn er selbst in der Stadt übernachtet und morgens mal um sieben, mal um acht Uhr zurückkommt, aber jedesmal, wenn das Boot von Land ablegt, erscheint der Kleine an Deck und steht

Magdeburg auf Fernreise.

9

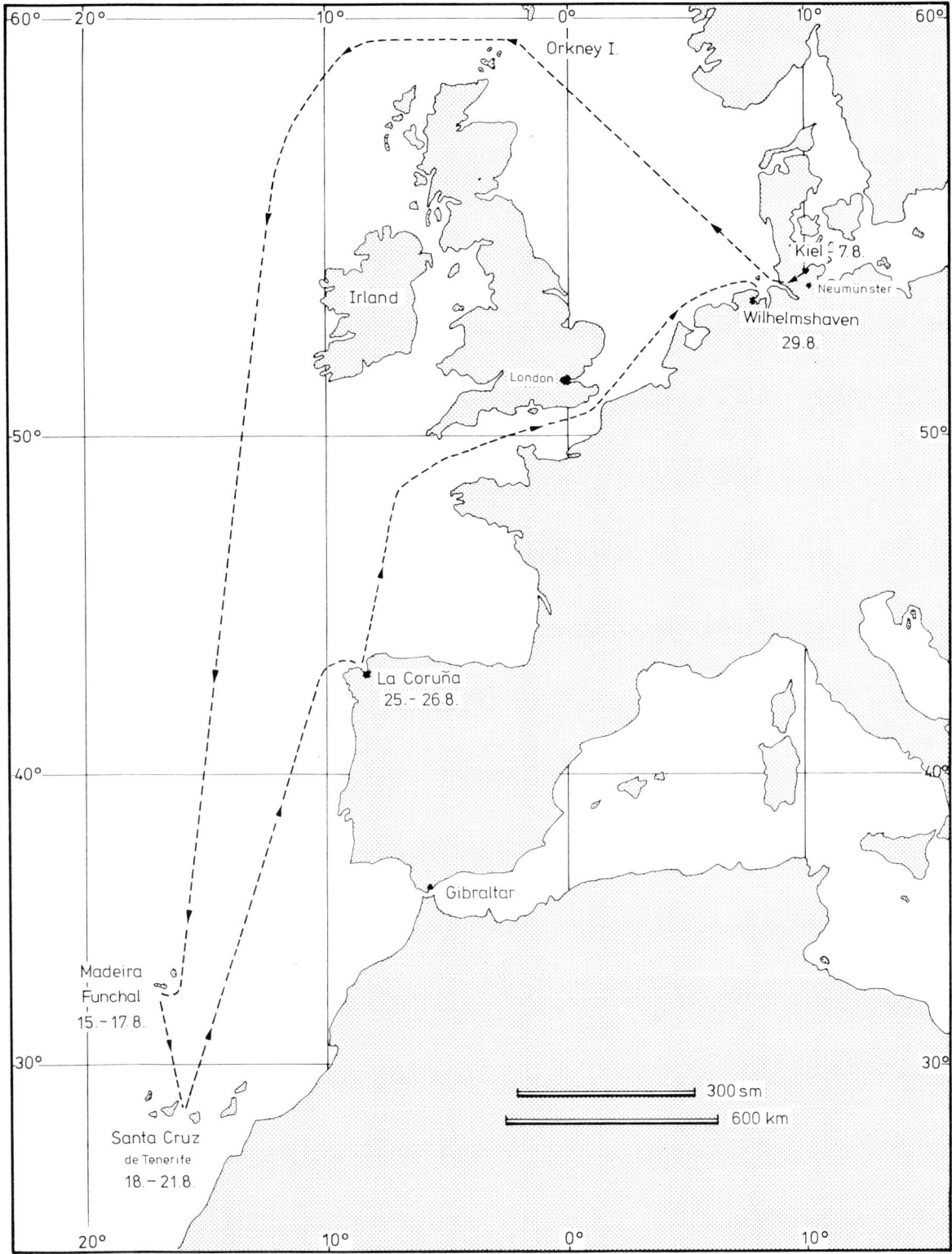

Orkney I.

Kiel 7.8.

Neumünster

Wilhelmshaven
29.8.

Irland

London

La Coruña
25.- 26.8.

Gibraltar

Madeira
Funchal
15.- 17.8.

300 sm
600 km

Santa Cruz
de Tenerife
18.- 21.8.

10

am Fallreep. Wie ist das möglich? Das Rätsel wird nie aufgeklärt.

Am dritten Tag wird Anker gelichtet. Mit Südkurs geht der Kreuzer nach Santa Cruz de Tenerife in See.

Auf dem Heimweg wird La Coruña in Spanien zum Kohlen angelaufen, der Hafen, aus dem die Unüberwindliche Armada 1588 ihrem Untergang entgegen ausgelaufen ist.

Der erste Teil der langen Reise nördlich um England herum wurde von schönstem Wetter begünstigt. Erst am Ende kommt im Englischen Kanal beschwerlicher Nebel auf.

Die ganze dreiundzwanzigtägige Fernfahrt verläuft jedoch ohne besondere Ereignisse, und am 29. August 1913 wird im Wilhelmshavener Ausrüstungshafen festgemacht.

◀ Fernreise der *Magdeburg* im August 1913 zu Funkreichweitenerprobungen mit Neumünster

Im letzten Teil der Reise auch Erprobungen des Kohlenverbrauches mit 17 sm Marschschaltung und mit 12 und 15 sm Einzelschaltung. Reiseweg nach Vorschlag des Torpedoversuchkommandos:

Ab Kiel 7. 8.
Funchal 15. 8.—17. 8.
Santa Cruz de Tenerife 18. 8.—21. 8.
La Coruña 25. 8.—26. 8.
Wilhelmshaven 29. 8.

Kleiner Kreuzer *Magdeburg*.
Etat 1909. Bauwerft Weser-Werft, Bremen. Stapellauf 13. Mai 1911. Indienststellung 1. Oktober 1912. Wasserverdrängung 4570 t, Länge 136 m, Breite 13,3 m, Tiefgang 4,8 m. PS 23000. Drei Turbinen. Geschwindigkeit 27 kn, 1914 nur 22 kn mittels zweier Seitenturbinen, mittlere Turbine in Reparatur. Bunker 1200 t Kohlen. Panzerung: Kommandoturm 100 mm, Deck 20 mm, Seite 60 mm. Bewaffnung 12 x 105 mm/45, 2 Torpedorohre. Besatzung 373 Mann.

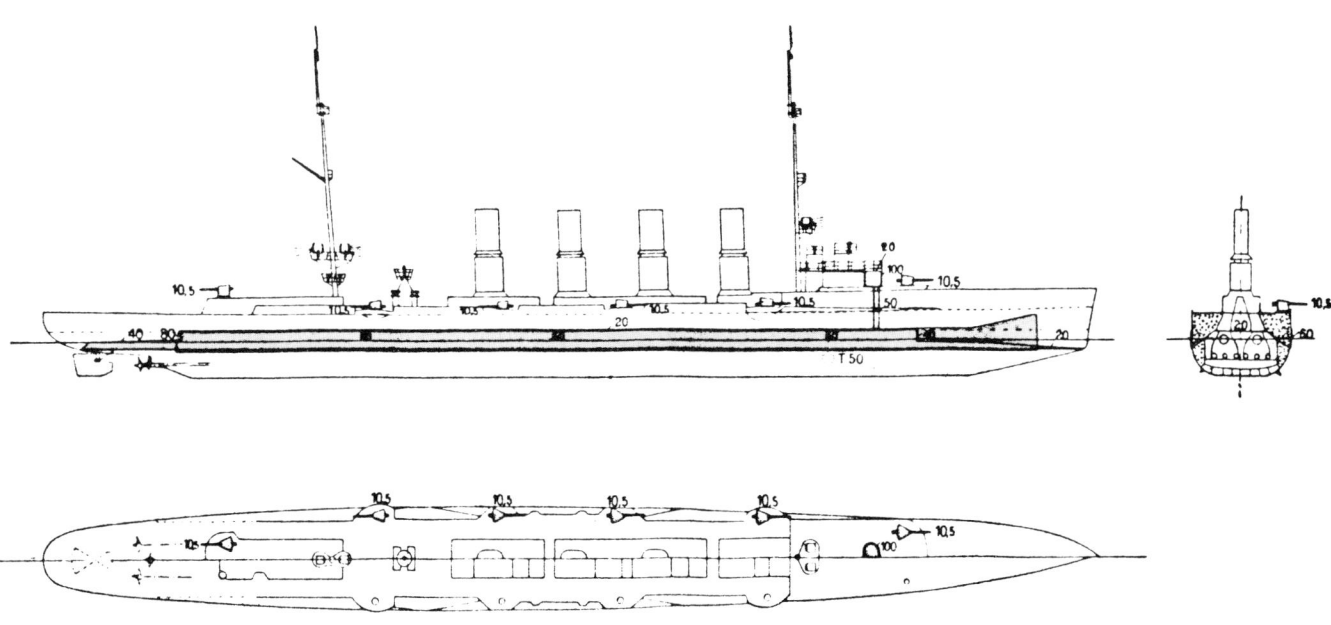

Neue Kreuzerklasse

Magdeburg gehört zu einer Geschwistergruppe von vier Kleinen Kreuzern.

Ihre Entwurfsskizze wird 1909 vom Baurat A. Blechschmidt in Zusammenarbeit mit dem Chefkonstrukteur Hans Bürkner und dem Großadmiral v. Tirpitz angefertigt. Nachdem sie durch die beteiligten Dienststellen des Reichsmarineamts gebilligt und vom Kaiser genehmigt worden ist, werden Entwurfspläne hergestellt. Mit Begleittext gehen diese an verschiedene Abteilungen zur Stellungnahme. Volle Einigung wird nicht erreicht. In einer Schlußsitzung entscheidet Tirpitz die endgültigen Schiffspläne, sie gehen der Bauwerft zu.

Der Bau der *Magdeburg* wird im Frühjahr 1910 an die Weser-Werft in Bremen vergeben.
Am 13. Mai 1911 läuft das Schiff vom Stapel.

Im gleichen Jahr kommen auch die drei Schwesterschiffe in ihr rechtes Element: *Stralsund*, *Straßburg*, *Breslau*.

Straßburg wird im April 1913 mit *Dresden* ins Mittelmeer entsandt, kehrt im September zurück und nimmt an der Fernfahrt der *Kaiser* und *König Albert* nach Westafrika und Südamerika teil. Während die Linienschiffe im Juni 1914 in die Heimat zurückkehren, befindet sich *Straßburg* in Westindien. Ihre Heimfahrt im Schatten der zunehmenden europäischen Kriegsgefahr wird dramatisch. Sie begegnet zahlreichen britischen Kriegsschiffen. Von der Isle of Wight ab nehmen Kreuzer und Zerstörer Fühling mit ihr auf. *Straßburg* geht auf höchste Fahrt. Die Briten folgen. Erst am 1. August mit Einbruch der Dunkelheit kommen sie aus Sicht, und der Kreuzer läuft in Wilhelmshaven ein.

Sowohl *Straßburg* als auch *Stralsund* werden in die Aufklärungsschiffe der Hochseeflotte eingegliedert.
Breslau folgt dem neuen Schlachtkreuzer *Goeben* im November 1912 ins Mittelmeer. Unter türkischer Flagge ist sie als *Midilli* im Krieg im Schwarzen Meer in unaufhörlichem Einsatz, mehr als irgendein anderer deutscher Kreuzer im Ersten Weltkrieg.

Während die drei übrigen Schiffe dieser neuen Klasse die hohen Anforderungen für normale Kreuzeraufgaben erfüllen und entsprechende Verwendung finden, erreicht *Magdeburg* diese Anforderungen nicht und wird zum Torpedoversuchsschiff bestimmt.
Ihre Abnahmeprobefahrt Ende Juni 1912 verläuft ungünstig. Dadurch verzögert sich die Indienststellung für Probefahrten bis zum 20. August. Eine beabsichtigte Teilnahme an den Herbstmanövern und darauf Dienst als Begleitschiff der *Hohenzollern* fallen aus.
Die Probefahrten erfolgen zwischen Kiel und Danzig.
Noch als das Reichsmarineamt das Schiff Anfang November 1912 aus dem Probefahrtsverhältnis entläßt, ist die Torpedobewaffnung nicht eingeschossen, das Bugspill nicht in Ordnung und die Kommandantenkajüte nach den Wünschen des Kommandanten, Fregattenkapitän Most, nicht umgebaut. Die Schiffsprüfungskommission meldet jedoch, daß das Schiff in etwa sechs Tagen, nach dem Einschießen der Torpedoarmierung, kriegsbereit sein würde.
Als Torpedoversuchsschiff löst *Magdeburg* den Kleinen Kreuzer *Augsburg* ab und bekommt seine Besatzung. *Augsburg* wird Artillerieschulschiff anstelle der kleinen und veralteten *Undine*, die in Danzig außer Dienst stellt und ihre Besatzung nach Kiel für *Augsburg* in Marsch setzt.

Die Stadt Magdeburg übernimmt die Patenschaft, und auch der dortige Marineverein bemüht sich, eine enge Verbindung mit dem Kreuzer aufrechtzuerhalten. Im Januar 1914 reist eine Abordnung des Schiffs nach Magdeburg. Zwei Tage wird gefeiert, überall geht es hoch her. Zum Dank werden die zehn besten Schüler einer Mittelschule der Stadt zu den Frühjahrsmanövern an Bord eingeladen.

Kommandanten

Den Kommandanten der ersten Zeit halten seine Untergebenen nicht gerade für vorbildlich.

Er quälte und ärgerte uns, wo er nur konnte, schreibt Bender. Er forderte dadurch natürlich unseren Widerstand heraus und war nicht beliebt; ein Kommandant, wie er nicht sein sollte. Zu gerne versuchte er, einen durch Fragen dumm zu machen.

Wie wir in Neufahrwasser lagen und ich über Mittag Wache an Deck hatte, erschien er auch, und schon ging die Fragerei los. Auf einen schwarzen Punkt draußen in See zeigend fragte er, was das sei.

   – Ein Dampfer.
   – Wo fährt der hin?
   – Nach Schweden.
   – Hat er hier im Hafen gelegen?
   – Jawohl.
   – Hat er geladen oder gelöscht?
   – Gelöscht.
   – Was denn?
   – Ziegelsteine.

Ich hatte natürlich keine Ahnung, was mit dem Dampfer los war, aber eine Antwort mußte ich ja geben.

Wie wir nun beim Herumgehen auf das Achterdeck gekommen waren, setzte er seinen Fragen die Krone auf.

   – Was meinen Sie wohl, wieviel Paare bei einem Bordfest gleichzeitig hier tanzen können?

Als meine prompte Antworte kam:
   – 37
ließ er mich wortlos stehen und verschwand.

Auf meine Kommandierung auf die *Magdeburg* war ich übrigens sehr stolz, setzt Bender fort. Ich gehörte zu den ersten meiner Crew, die selbständige Wachoffiziere wurden, daß heißt, das Schiff zu fahren hatten. Es war ein erhabenes Gefühl, wie ich zum ersten Mal auf der Brücke stand und das Schiff meinem Kommando gehorchte.

Der zweite Kommandant, Fregattenkapitän Maerker, ist dagegen sehr beliebt. Er lehrt die Wachoffiziere nicht nur gut fahren und manövrieren, sondern leitet sie auch in angenehmster Weise zu selbständigem, verantwortungsbewußtem Handeln an.

Kommandant Maerker in Funchal.

Bender, im Herbst 1913 zum Oberleutnant befördert, wird gleichzeitig Funkoffizier und Adjutant des Kommandanten. Eines Tages sagt ihm Maerker, er bekäme im Frühjahr den Panzerkreuzer *Gneisenau* im Geschwader Spee in Ostasien und fragt, ob Bender auch dort sein Adjutant sein wolle.

Die Antwort ist ein begeistertes Ja. Aber dann tritt der kleine Wundertäter Amor in Benders Leben ein. Als er seine Absicht, sich mit Fräulein Cläre Stübgen zu verloben und in Kiel zu bleiben dem Kommandanten vorträgt, sagt dieser:

   – Schade, Bender, nur eine halbe Gefechtskraft.
    Aber meinen herzlichen Glückwunsch!

Anstelle Benders wird Maerkers Adjutant auf *Gneisenau* Leutnant zur See v. Lemcke.

Maerkers Nachfolger auf *Magdeburg* wird Korvettenkapitän Richard Habenicht.

Offiziersmesse: hinter dem Tisch sitzend von links: Lt.z.S. Schaitler, Kptlt. Dolberg, F.Kpt. Maerker, Stabsing. Koch.

Lt.z.S. Schaitler beim Unterricht.

Kohlenübernahme.

Eine Imperatorreise

Kaiser Wilhelm II. plant im April 1913 eine Atlantikreise mit dem Riesendampfer *Imperator*. Zum Begleitkreuzer wird *Magdeburg* ausersehen. Die Pläne veranlassen den folgenden Telegrammwechsel zwischen dem Chef des Marinekabinetts, Admiral v. Müller, und dem Staatssekretär des Reichsmarineamts, Großadmiral v. Tirpitz.

– v. Müller: Für die Reise Seiner Majestät auf dem Dampfer *Imperator* vom 24. April bis 3. Mai von Cuxhaven ist ein kleiner Kreuzer als Begleitschiff in Aussicht genommen. Bitte um Auskunft, ob *Magdeburg* hierfür herangezogen werden kann. Als Durchschnittsgeschwindigkeit kommt für *Imperator* nach Angabe der Hamburg-Amerika-Linie eine Geschwindigkeit von 22 Seemeilen in Frage, Höchstfahrt 24 Seemeilen. Die Dauer des Aufenthalts in Gibraltar steht noch nicht fest, wird aber voraussichtlich nur kurz sein. Um das Begleitschiff gegebenenfalls unterwegs auch noch anderen Häfen detachieren zu können, wird vielleicht das Anlaufen eines englischen Kanalhafens oder spanische Häfen in Frage kommen.

– v. Tirpitz: Gegen Gestellung von *Magdeburg* als Begleitschiff für *Imperator*-Fahrt keine Bedenken. Durchschnittsgeschwindigkeit darf jedoch 22 Seemeilen nicht übersteigen. Dauer des Aufenthalts in Gibraltar muß etwa 24 Stunden betragen für Ausruhen des Personals und Übernahme von ca. 1000 Tonnen Kohlen.

– v. Müller: *Imperator*-Reise wird abgekürzt und auf Abstecher in Atlantik ohne Hafenanlaufen beschränkt. Abgang Cuxhaven wahrscheinlich 28. nachmittags. Rückkehr dorthin 3. Mai nachmittags. Ballin hat Nachricht, wird auch Flottenprogramm beeinflussen, über das ich vielleicht heute nachmittag vortragen kann.

– v. Tirpitz: Kohlenvorrat *Magdeburg* gestattet nur dreitägige Fahrt mit 23 Knoten. Dann Kohlenauffüllen notwendig. Dauer der Begleitung der *Imperator* durch *Magdeburg* auf fünftägiger Reise ohne Unterbrechung demnach unmöglich.

Das Stationskommando der Marinestation der Nordsee in Wilhelmshaven wird beauftragt, Signalpersonal, Bootsmannspersonal, Matrosenpersonal und Funkpersonal *Magdeburg* vom 22. April bis 9. Mai aufzufüllen. Nötigenfalls Zurückgreifen auf andere Schiffe.

– v. Müller: Es wird angenommen, daß, nachdem Gibraltar aufgegeben, mit geringerer Durchschnittsgeschwindigkeit gefahren wird. Erwägungen über Reiseplan noch nicht abgeschlossen. Sobald Näheres bekannt, folgt Nachricht. Bitte alle Vorbereitungen so zu treffen, daß *Magdeburg* am 28. April nachmittags 3 Uhr in Cuxhaven den Dienst als Begleitschiff übernehmen kann.

– v. Müller: Seine Majestät nehmen an *Imperator*-Reise nicht teil und haben Kronprinzen mit seiner Vertretung beauftragt. Einschiffung voraussichtlich am 30. April abends oder 1. Mai früh. Beendigung der Reise 3. Mai mittags. *Magdeburg* bleibt Begleitkreuzer und erhält seine Befehle direkt durch den an Fahrt teilnehmenden Kapitän zur See Karpf. Durchschnittsgeschwindigkeit 17 sm und weniger.

– v. Müller am 29. April 1913: *Imperator*-Reise fällt ganz aus. *Magdeburg* wird nicht gebraucht.

17

Bootsdienst.

Technische Sorgen

Die Kriegsbereitschaft der *Magdeburg* wird bis zum Sommer 1914 aus technischen Gründen bisweilen unterbrochen, meistens in Kiel.

- 1913: 28. 1.–4. 2. Undichtigkeit beider Seitenturbinen. »Kann bis zur Reparatur 15 sm laufen, im Mobilmachungsfall 22.«
- 1913: 17. 3.–30. 3. Umbau Unterwasser-Breitseittorpedorohre.
- 1913: 20. 6.–14. 7. spezielle Kesselbesichtigung.
- 1914: Januar Reparatur an mittlerer Turbine. »Kann 22 sm laufen mittels 2 Turbinen.«
- 1914: 18. 5.–13. 6. Reparatur an der mittleren Turbine.

Bemerkung des Konstruktionsdepartements des Reichsmarineamts: »Wenn die Undichtigkeiten der Turbinen durch das Packungsmaterial verursacht sind, so können eventuell Kostenforderungen an die Bauwerft gestellt werden.« Meldung der *Magdeburg* am 13. 6. 1914 von Kiel an das Reichsmarineamt: »Fahrbereit mit 2 Seitenturbinen. Bin in 3 Tagen nach erhaltenem Befehl kriegsbereit, da Deckverband provisorisch hergestellt.«

Dieser Geschwindigkeitszustand besteht noch bei Kriegsausbruch. Mit ihrer Höchstgeschwindigkeit von nur 22 kn – etwa 5 sm weniger als laut amtlicher Mitteilung bei der Probefahrt – kommt *Magdeburg* nicht für Verwendung gegen die starke und schnelle britische Flotte in der Nordsee in Frage, sondern bloß gegen die Russen in der Ostsee, wo deren Linienschiffe 18, die Panzerkreuzer und kleinen Kreuzer 19–23 kn erreichen können.

▲ Außenbord-Reinigung.   Wasserfahrzeug längsseits. ▼

Gewitter zieht auf

Außer der Reise nach Madeira und einem Besuch in Vlissingen, Holland, im Juni 1913, bleibt *Magdeburg* in den heimischen Gewässern.

Mitte Dezember 1912 nimmt sie an einer achttägigen Übung der Schul- und Versuchsschiffe, Torpedobootsflottillen, U-Boote und anderer Fahrzeuge zur Ausbildung von Torpedo- und Unterseebootsverbänden und zur Gewinnung weiterer Erfahrungen in der Verwendung der Torpedowaffe teil. Die Übungen werden im April und Dezember 1913 und im April 1914 wiederholt.

Außerdem fährt der Kreuzer mehrere Male im Geschwaderverband in der Ostsee, im November 1913 im Flottenverband in der Nordsee.

Zur Kieler Woche im Juni 1914 erscheinen auch britische Gäste; ein Schlachtsschiffsgeschwader und eine Kreuzerdivision. Es herrscht ein lebhaftes, fröhliches Treiben mit Sport und Festlichkeiten an Land und auf dem Wasser, als die überraschende Nachrichtenbombe aus Sarajewo alles umwirft.

Admiral und Lady Warrender sowie der britische Botschafter Goschen sind gerade bei Tirpitz auf dem Pan-

Kaisersalut der deutschen und der britischen Schiffe am 24. Juni 1914 in Kiel, als *Hohenzollern* die Holtenauer Schleuse passiert.
Rechts Ingenohls Flaggschiff *Friedrich der Grosse*, dann Vizeadmiral Warrenders Flaggschiff *King George V.* und die übrigen Linienschiffe des 2. Geschwaders *Ajax, Audacious, Centurion* und Kommodore Goodenoughs drei Kleine Kreuzer *Southampton, Birmingham, Nottingham*.
Vier Tage später beschatten plötzlich dunkle Sturmwolken das frohe Treiben der Kieler Woche, als die Kunde vom Doppelmord in Sarajewo eintrifft.
Als die Briten am 30. Juni den Hafen planmäßig verlassen, machen die deutschen Schiffe das übliche Signal »Glückliche Reise« und Warrender antwortet mit dem Funkspruch: »Friends in past and friends for ever!« — Freunde in der Vergangenheit und Freunde für immer!
Das Schicksal will es, daß es gerade dieser britische Admiral mit seinem Geschwader ist, der ein halbes Jahr später als erster Seebefehlshaber der Hauptflotte gegen deutsche Geschwader eingesetzt wird.

Französisches Großkampfschiff *Jean Bart*, das mit seinem Schwesterschiff *France* kurz vor dem Kriegsausbruch der *Magdeburg* im Fehmarnbelt begegnet.

zerkreuzer *Friedrich Karl* zum Frühstück, als dem Großadmiral gemeldet wird, der österreichische Thronfolger Franz Ferdinand sei mit seiner Gemahlin ermordet worden.

Eine gewitterschwüle Atmosphäre tritt ein. Die Schiffe setzen die Flaggen halbstocks, die österreichische Flagge im Großmast. Tanzfestlichkeiten werden abgesagt, der Kaiser reist nach Berlin ab.

Magdeburg unternimmt noch eine kleine Bäderreise in die Ostsee und kehrt Mitte Juli nach Kiel zurück.

Am 27. vormittags befindet sie sich auf Vorposten östlich von Fehmarnbelt-Feuerschiff, als rechts im Osten dicke Rauchwolken in Sicht kommen. Die Russen? Nein, sondern zwei der neuesten französischen Großkampfschiffe *France* und *Jean Bart* mit dem Präsidenten Poincaré und dem Außenminister Viviani an Bord auf dem abgekürzten Heimweg von Petersburg und Stockholm. Die Schiffe passieren ganz nahe. Salut wird geschossen, wie es einem Staatsoberhaupt zusteht.

An diesem Morgen ist der Kaiser auf der *Hohenzollern* aus Norwegen nach Kiel zurückgekehrt und hat die Sicherung aller Seewege nach Kiel befohlen. Er hält es für möglich, daß die Russen die Feindseligkeiten mit einem Torpedoangriff auf die Flotte eröffnen, wie die Japaner 1904 vor Port Arthur.

Zwei Tage später liegt auch die Hochseeflotte, aus den norwegischen Gewässern angekommen, im Kieler Hafen und betreibt die Arbeiten, die zu dem einer Mobilmachung vorausgehenden Sicherungszustand gehören.

Alle Versuchs-, Schul- und Spezialschiffe, die der Ausbildung des Offizier- und Unteroffiziernachwuchses dienen, brechen ihre Tätigkeit ab und treten in den Befehlsverband der Hochseeflotte ein.

Mit zwei Ausnahmen: Trotz des geringen Bestandes an Kreuzern kommen *Magdeburg* und *Augsburg* nicht in die Hochseeflotte, sondern sollen den aktiven Kern der Küstenschutzdivision der Ostsee bilden.

Die deutschen Ostsee-streitkräfte

Die Aufgaben der deutschen Ostseestreitkräfte sind:
- Schutz der Küste gegen Flottenunternehmungen und Truppenlandungen;
- Schutz der deutschen Handelsschiffahrt, besonders der Einfuhr des für die Stahlerzeugung notwendigen schwedischen Erzes;
- Schutz der Erprobungen der neuen Kriegsfahrzeuge, ihres Einfahrens und der Übungen der Hochseeflotte. Diese Tätigkeit ist wegen der britischen U-Boote in der Nordsee nicht möglich.

Da man in der Nordsee jederzeit einen Angriff der überlegenen britischen Flotte erwartet, muß die Hochseeflotte so stark wie möglich gehalten werden, die Ostseestreitkräfte sollen sich mit dem begnügen, was in der Nordsee entbehrlich ist.

Der Hauptteil der recht gemischten Ostseestreitmacht besteht aus Kleinen Kreuzern:

	Stapel-lauf	t	kn	Artillerie und 2 Torpedorohre
Magdeburg	1911	4 570	22	12-105 mm
Augsburg	1909	4 350	24	12-105 mm
Lübeck	1904	3 250	23	10-105 mm
Undine	1902	2 700	21	10-105 mm
Amazone	1900	2 650	21	10-105 mm
Thetis	1900	2 650	21	10-105 mm
Gazelle	1898	2 600	19	10-105 mm

Weiter: Schulschiff *Freya*, Kanonenboot *Panther*, Torpedoboote, drei veraltete U-Boote, Minenschiffe, Vorpostenboote, Sperrbrecher usw.

Zum Oberbefehlshaber der Ostseestreitkräfte wird Großadmiral Heinrich, Prinz von Preußen, Bruder des Kaisers, ernannt, mit Sitz im Kieler Schloß. Sein Stabschef ist Kapitän zur See Heinrich, die Admiralstabsoffiziere Korvettenkapitän Westerkamp, Kapitänleutnants Gercke und v. Tyszka.

Den Sicherungsdienst in der südwestlichen Ostsee überträgt der OdO seinem einzigen Unterbefehlshaber, dem Chef der Küstenschutzdivision der Ostsee, Konteradmiral Mischke.

Die schwachen Ostseestreitkräfte sollen möglichst aktiv auftreten und mit kurzen offensiven Unternehmungen die Russen in Schach halten.

Großadmiral Heinrich Prinz von Preußen, Oberbefehlshaber der deutschen Ostseestreitkräfte.

Torpedobootsübungen
mit der *Magdeburg*.

Die russische Ostseeflotte

Durch die Vernichtung der Ostseeflotte im Jahre 1905 bei Tsushima ist die vormalige russische Seemachtstellung zerschlagen.

Allmählich kommt der Wiederaufbau in Gang. Beim Kriegsausbruch 1914 sind jedoch noch keine modernen Linienschiffe oder Kreuzer verwendungsbereit. Vorhanden sind:

	Stapellauf	t	kn	Hauptartillerie und 2–4 Torpedorohre
Vor-Dreadnought-Linienschiffe				
Tsesarewitsch	1901	12912	18	4-305, 12-152 mm
Slawa	1903	13516	18	4-305, 12-152 mm
Imperator Pawel I.	1907	17400	18	4-305, 14-203 mm
Andrej Perwozwannyj	1906	wie Imp. Pawel I.		beschädigt im Dock.
Panzerkreuzer				
Rjurik	1906	15190	21	4-254, 8-203 mm
Rossija	1896	12195	19	6-203, 14-152 mm
Gromoboj	1899	12359	19	6-203, 20-152 mm
Admiral Makarow	1906	7762	21	2-203, 8-152 mm
Pallada	1906	7775	21	2-203, 8-152 mm
Bajan	1907	7775	21	2-203, 8-152 mm
Kleine Kreuzer				
Diana	1899	6730	20	10-152 mm
Awrora	1900	6730	20	14-152 mm
Bogatyr	1901	6645	23	16-130 mm
Oleg	1903	6675	23	16-130 mm
Zerstörer				
Nowik	1911	1260	36	4-102 mm 8 Torpedorohre 60 Minen

Gebaut aus Spenden in Petersburg. Plan und Maschinen von Vulcan, Stettin.

Dazu zwei Flottillen Torpedoboote, insgesamt 62 Boote, acht U-Boote, Minenschiffe, Minensucher, Räumboote, Schulschiffe usw.

Die Ostseemarine ist dem Heer, und zwar der 6. Armee, unterstellt. Ihre Hauptaufgabe ist, Landungen im Finnischen Meerbusen zu verhindern. Solche werden seit Kriegsausbruch täglich erwartet.

Vom Geist auf den Schiffen berichtet der deutsche Marineattaché v. Keyserlingk in St. Petersburg im April 1912 dem Großadmiral v. Tirpitz:

– Es macht sich auf allen russischen Schiffen ein kleinlicher Geist stumpfen Dienstbetriebes geltend. Eine für den russischen Befehlshaber im allgemeinen bedeutende Charaktereigenschaft ist der angeborene Hang zur Passivität. Dem Mangel an Initiative bei der Mitarbeit, wie er dem Buchstabengehorsam der russischen Seeoffiziere eigen ist, entspringt der Mangel an Zuverlässigkeit. Der Kommandant muß sich selbst um die geringsten Kleinigkeiten kümmern. Selbst der mir bei weitem als der tüchtigste und aufgeklärteste bekannte Vizeadmiral v. Essen macht den Eindruck, daß er gewissermaßen sein eigener Erster Offizier der ihm unterstellten Flotte ist. Er kommt wegen der kleinlichen Sorge um die einzelnen ihm unterstellten Teile bei weitem nicht zur Ausnutzung der verfügbaren Zeit für die Ausbildung. Das einzelne russische Schiff wird bei alleinigem Handeln durchschnittlich mehr leisten als eingegliedert in einem Verband.

Zahlenmäßig ist die Ostseeflotte den deutschen Ostseestreitkräften überlegen. Aber »die gesamte deutsche Seekriegführung in der Ostsee«, schreibt der Befehlshaber der Aufklärungsstreitkräfte, Konteradmiral Hopman in Libau Ende Juli 1915, »baut sich seit Beginn des Krieges auf der bisher durch die Ereignisse auch gerechtfertigten Annahme einer sehr geringen Initiative und Leistungsfähigkeit der russischen Flotte auf.«

Der Kern der russischen Ostseeflotte zu Anfang des Ersten Weltkrieges, die Linienschiffs- und Kreuzerbrigaden. Von links die Linienschiffe *Tsesarewitsch, Slawa, Imperator Pawel I.* und *Andrej Perwozwannyj*, dann vier Kreuzer.

Panzerkreuzer *Rjurik*, rechts die Linienschiffe *Imperator Pawel I.* und *Andrej Perwozwannyj*.

25

Erste Unternehmung

Um etwaige russische Minenunternehmungen aus Libau gegen die deutsche Küste zu stören, hat die Marinestation der Ostsee in Kiel sofort nach Kriegsausbruch einen Vorstoß gegen Libau geplant.

Am letzten Julitag ergehen vom Admiralstab die Befehle:

- *Augsburg.* Sofort Minen an Bord nehmen. Mit *Magdeburg* beschleunigt nach Danzig gehen.

- *Magdeburg.* Mit *Augsburg,* die sofort Minen nimmt, beschleunigt nach Danzig gehen.

Gleichzeitig kommt der Befehl *Drohende Kriegsgefahr,* das heißt Vorbereitungen für die Mobilmachung treffen.

Beide Kreuzer laufen abends von Kiel aus und vereinigen sich gegen Morgen in See. Im Laufe des ersten August gibt *Augsburg,* Kommandant Kapitän zur See Andreas Fischer, die Winksprüche:

- Gemäß mündlichen Befehl des Stationschefs sind Sie für die besprochene Aufgabe unter meinem Befehl gestellt und sollen die Durchführung mit Ihrer Artillerie erleichtern, eventuell den Feind allein abschlagen, bis Minen geworfen sind. Anmeldung in Neufahrwasser erfolgt durch *Augsburg.* Jeder Landverkehr, auch schriftlich, ist verboten.
- Handwaffen klarhalten für Flugzeugabwehr. Es darf unter keinen Umständen ohne meine Erlaubnis gefunkt werden.
- Heute Nacht sich klarhalten zur Sicherung.

Abends treffen die Schiffe in Danzig-Neufahrwasser ein, und die Kommandanten besprechen die Aufgabe. Frühmorgens wird gekohlt. Direkt vom Admiralstab kommt der Funkspruch:

- Kriegszustand mit Rußland. Feindseligkeiten beginnen. Vorgehen nach Plan.

Die Kreuzer werfen die Leinen los und laufen mit Nordkurs aus. Es ist Sonntag, der 2. August, 09.30 Uhr.

Kapitän Fischer soll Minen vor Libau und dem Westausgang des Rigabusens legen, Libau beschießen, Aufklärung über Aufenthalt und Absichten russischer Seestreitkräfte verschaffen. Besonders wichtig ist die Aufklärung an der russischen Küste. Sie ist solange auszudehnen, wie der Kohlenvorrat dies gestattet. Auf dem Rückmarsch soll der feindliche Handel geschädigt, dauernde Funkverbindung mit einer deutschen Küstenstation gehalten werden.

Die Leitung im Kieler Schloß wartet in begreiflicher Spannung. Stunde um Stunde vergeht ohne ein Lebenszeichen von Fischer. Erst abends meldet er:

- Habe Minen gelegt. Bombardiere Libau. Libau brennend. Bin im Gefecht mit Kreuzern.

Sehr gut. Aber was für Kreuzer? Kleine oder Große?

Als bis Mitternacht keine weiteren Nachrichten folgen, nehmen schlimme Ahnungen überhand. Beiden Kreuzern wird befohlen, sich sofort zu melden. Nach vergeblichen Kontaktbemühungen meldet sich die Funkstation Danzig:

- *Augsburg* und *Magdeburg* antworten nicht auf Anruf.

Im Kampf untergegangen?

Nach einer sorgenvollen Nacht erhält der OdO vormittags die erste Standortmeldung der *Augsburg.* Sie befindet sich auf der Höhe von Kolberg. Zum Glück scheint nichts Böses passiert zu sein. Fischer hat sich also von den feindlichen Kreuzern lösen können.

Abends – es ist Montag der 3. August – meldet er seine Absicht, nachts in der Sicherungsstellung bei Bornholm zu stehen, erhält aber von Kiel den Funkspruch:

- Ab 4. August verschiedene Stellen an der feindlichen Küste gleichzeitig beunruhigen, Einschießen Leuchttürme, Signalstationen. Kein Einsatz gegen feindliche Schiffe. Kohlen auffüllen schiffsweise von Mittwoch an in Danzig. Bisheriges Verhalten wird gebilligt.

Korvettenkapitän Habenicht will sofort den nächsten Leuchtturm in Pappensee zerstören. Weitere Fahrten erlaubt sein geringer Kohlenvorrat nicht. Als er Kapitän Fischer seine Absicht durch Funkspruch meldet, unterläuft auf *Augsburg* ein Mißverständnis. Der Funkspruch wird so gedeutet, *Magdeburg* solle wegen Kohlenknappheit sofort Swinemünde anlaufen.

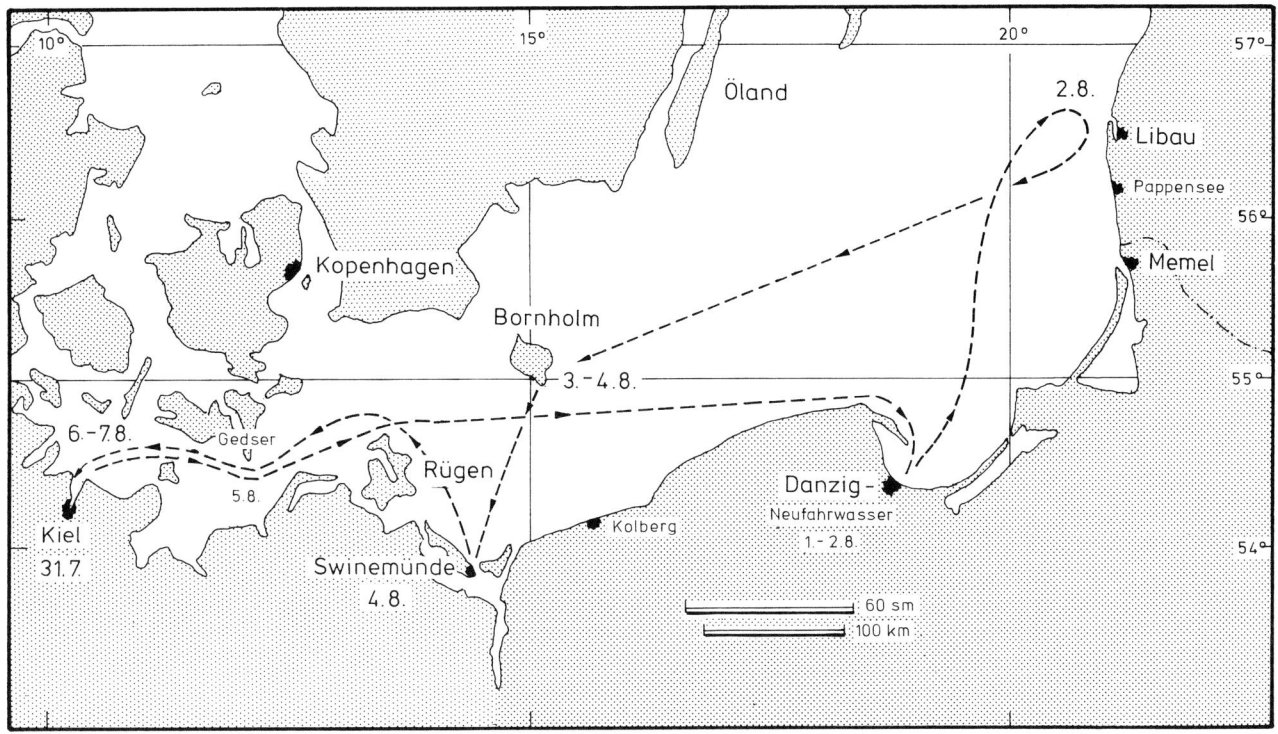

Erste Unternehmung der *Augsburg* und *Magdeburg* (Juli/August 1914)

31. 7. Aus Kiel ausgelaufen.
1.—2. 8. Danzig-Neufahrwasser.
2. 8. Beschießung von Libau. *Augsburg* legt Minen vor Libau.
3.—4. 8. Sicherungsstellung bei Bornholm

4. 8. Kohlen auffüllen in Swinemünde.
5. 8. Vorpostenlinie bei Gedser Riff.
6. 8. *Augsburg* in Kiel eingetroffen.
7. 8. *Magdeburg* in Kiel eingetroffen.

Beide Kreuzer laufen daher am Dienstagmittag nach dreitägiger Unternehmung zum Kohlen in Swinemünde ein.

Sowohl in Kiel wie in Berlin will man sofort Näheres über die bisherige Fahrt wissen. Die Schiffe werden abends schleunigst nach Kiel gerufen.

Die Besprechung mit Fischer im Schloß gibt ein ganz anderes Bild von den Ereignissen vor Libau, als man es durch den ersten Funkspruch gewonnen hat.

Beide Schiffe waren von Anfang an auf starke russische Gegenwirkung gefaßt. Während *Augsburg* von 19.05 bis 19.30 Uhr alle ihre 100 Minen mit der viel zu hohen Geschwindigkeit von 20 kn legte und Libau wegen Diesigkeit unsichtbar war, meldete *Magdeburg* eine große Wolke mit Blitzen und hellem Wölkchen. »Wir werden beschossen.«

Augsburg: »Aufschläge abwarten.«
Es kamen keine Aufschläge.
Magdeburg um 20.05 Uhr: »Ferngefecht an Steuerbord. Russische Torpedoboote Steuerbord achteraus.«

Augsburg hat keine gesehen. Sie hat 280 Schuß verfeuert, *Magdeburg* 140.

Der Zusatz »Bin im Gefecht mit feindlichen Kreuzern« war eine private Ergänzung des Funkpersonals der *Augsburg.*

Was in Libau wirklich passiert ist, stellte sich erst später richtig heraus. Beim Sichten der zwei deutschen Kreuzer haben die Russen wohl mit einer großen Flottenunternehmung gerechnet und ihre Lager an Munition und Kohlen selbst vernichtet. In allen drei Hafeneinfahrten versenkten sie Dampfer, deren Masten,

Munitionsmannen.

Schornsteine und Aufbauten aus dem Wasser ragten. Kriegsfahrzeuge gab es hier nicht. Die Russen haben Libau als Stützpunkt aufgegeben und benutzen es später nur noch vorübergehend als Einsatzhafen.

Die von den Russen vorgenommenen Zerstörungen in Libau bedeuten eine erhebliche Folgewirkung des Erscheinens der deutschen Streitkräfte vor der Stadt.
Die Unternehmung selbst erfüllt nicht ihren Zweck. Die Kriegsleitung in Berlin erfährt nichts über die feindliche Flotte. Vor dem Rigabusen fallen keine Minen. Der feindliche Handel wird nicht geschädigt.

Die Kreuzer ziehen sich von der russischen Küste geradewegs ins Gebiet Bornholm zurück und laufen dann zur Ergänzung ihrer Kohlenvorräte nicht, wie befohlen, nach Danzig, sondern nach Swinemünde. Außerdem erweist sich, daß der Funkdienst der *Augsburg* den zu stellenden Anforderungen in keiner Weise entspricht.
Der OdO hat Grund genug, die Billigung der Ausführung der ersten Unternehmung zu bereuen.

Am 105-mm-Geschütz.

Minenexerzieren.

28

Zweite Unternehmung

Nach der ersten Unternehmung drängt der Chef des Admiralstabs, Admiral v. Pohl, zu »einer kräftigeren Betätigung gegen die Russen«.
Der OdO antwortet u. a.:

- Schwierige Verhältnisse materieller und persönlicher Art. Admiralstab erkennt nicht, in welchem unzureichenden Bereitschaftszustand sich die Schul- und Versuchsschiffe im Frieden befunden haben.

Der OdO beauftragt den Konteradmiral Mischke, mit den beiden Kreuzern und den Torpedobooten *V 25, V 26, V 186* den Feind in der östlichen Ostsee zu beunruhigen und den Eindruck aufrechtzuerhalten, daß die Ostsee von der deutschen Flotte gehalten wird.

- Alle solche Unternehmungen, so schreibt Korvettenkapitän Firle im amtlichen Seekriegswerk, sind Stöße ins Ungewisse, bei denen der Faktor Kriegsglück erheblich in Rechnung gestellt werden muß.

Admiral Mischke setzt seine Flagge auf *Augsburg* und befindet sich am 10. August abends auf der Höhe der Nordspitze Gotlands mit Kurs auf Dagö, um morgens die Signalstation und den Leuchtturm von Dagerort zu beschießen. *Magdeburg* läuft an Backbord querab, die Torpedoboote an Steuerbord. Die Nacht ist windstill, mit Mondschein und guter Sicht.

Der Plan wird jedoch durch ein merkwürdiges Vorkommnis umgeworfen. Wir lassen das Kriegstagebuch der *Magdeburg* sprechen:

22.31 Uhr: Feindlicher Funkverkehr wird gehört.
22.33 Uhr: Feindlicher Funkverkehr ist sehr laut.
22.34 Uhr: Feindliches Torpedoboot gesichtet und gemeldet. 4 Schornsteine, anfangs für 2 Boote gehalten. Abgedreht und Fahrt verändert. Boot dreht ebenfalls. Nicht auszumachen, ob ab oder auf Schiff zu, und wahrscheinlich im Rauch des Schiffes.
Mit hoher Fahrt südlich gedampft, um Leeposition zu bekommen. Aufgedreht. *Augsburg* vorerst auf Gegenkurs. Befehl: SSW 1/2 W.

22.40 Uhr: Funkstation meldet 2 feindliche Stationen in nächster Nähe zu hören. Lautstärke hat schnell abgenommen.

Nicht nur *Magdeburg*, sondern der ganze Verband dreht vom Feind ab – der von den übrigen Einheiten nicht ausgemacht wird – und läuft mit hoher Fahrt weg. Noch am Morgen fragt Mischke, ob *Magdeburg* die feindlichen Torpedoboote deutlich ausgemacht hätte; er erhält die Antwort:

- Ja. Vierschornsteinboot.

Dieses Verhalten eines Verbandes von zwei Kreuzern und drei Torpedobooten vor einem feindlichen Torpedoboot wird später vom OdO mißbilligt.

Firle schreibt:

- Eingefahrene Flottenkreuzer hätten auf den Feind zugedreht, aber bei zwei bisher nur zu Schul- und Versuchszwecken verwendeten Kreuzern mit Kommandanten, die noch nicht die Kreuzerschulung der Flotte durchgemacht hatten und die sowohl untereinander als auch mit ihren Begleittorpedobooten nicht eingefahren waren, ist dieses Abdrehen vom Feind erklärlich.

Nachts muß Mischke noch den erheblichen Nachteil in Kauf nehmen, die drei Torpedoboote zum Auffüllen der Heizölvorräte nach Danzig zu entlassen. Sie sollen dann den Küstenschutz zwischen Hela und Memel ausüben; sie fallen damit von der weiteren Unternehmung des Admirals aus.

Am Morgen des 11. August erhält *Magdeburg* vom Flaggschiff den Funkspruch:

- Beabsichtige die feindliche Vorpostenlinie zwischen Gotska Sandön und Dagerort aufzurollen.

Mit 5 sm Seitenabstand der Schiffe wird die Vorpostenlinie gesucht, aber nichts gefunden. Gegen Mittag werden Leuchtturm und Leuchtturmhaus auf der finnischen Insel Bengtskär beschossen und abends die Flagge vor den schwedischen Schären in Höhe von Stockholm gezeigt.

Dann steuern die Kreuzer auf die Nordspitze von Dagö zu, wo *Magdeburg* morgens den Leuchtturm

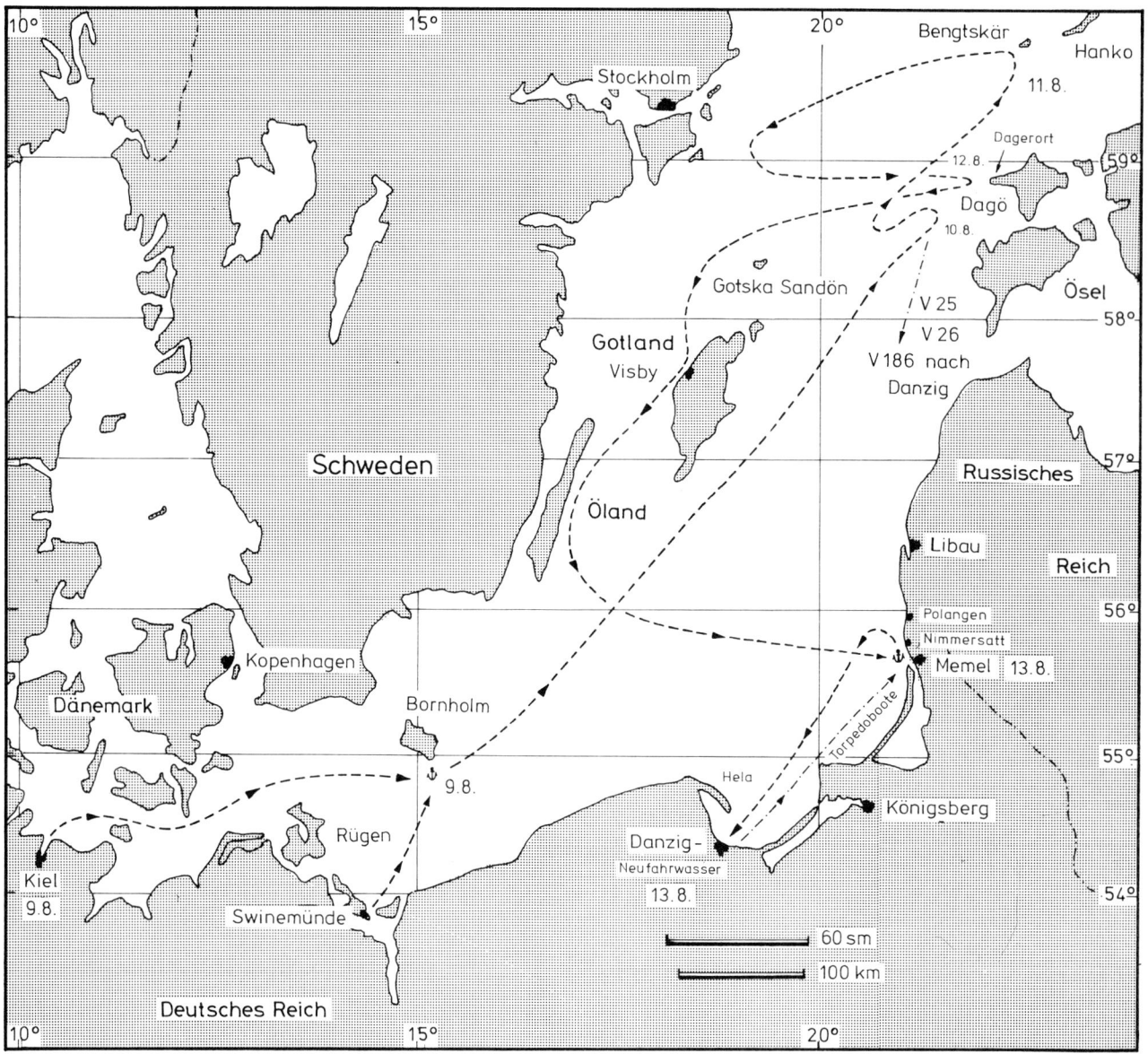

Zweite Unternehmung (August 1914)

9. 8.   8.00 *Augsburg*, *V 26* und *V 186* aus Kiel
ausgelaufen.

        10.00 *Magdeburg* und *V 25* aus Swinemünde
ausgelaufen.

        19.00 Kommandantensitzung auf *Augsburg*
südlich Bornholm.

10. 8. 22.34 Auf der Linie Gotska Sandön-Dagerort meldet
Magdeburg feindliches Torpedoboot. Der ganze Verband dreht ab. Die Torpedoboote werden zur Ergänzung der Heizölvorräte nach
Danzig entlassen.

11. 8.   *Augsburg* und *Magdeburg* suchen vermutete
Vorpostenlinie. Leuchtturm von Bengtskär beschossen.

12. 8. 4.00 Leuchtturm von Dagerort und Signalstation
von Kap Ristna von *Magdeburg* beschossen.

13. 8. 9.00 Auf Memel Reede geankert. Vereinigung mit
den T-Booten.

        12.00 Anker gelichtet.

        13.55 Russische Zollstation Nimmersatt von *Augs-
burg* beschossen.

        20.45 In Neufahrwasser eingelaufen.

von Dagerort und die Signalstation von Ristna unter Feuer nimmt.

Damit neigt sich die Unternehmung dem Ende zu. Die Rückreise erfolgt zwischen Gotland und Öland. Am 13. morgens vereinigen sich die Kreuzer mit den Torpedobooten bei Memel und machen, nachdem *Augsburg* die russische Zollstation in Nimmersatt zerstört hat, abends in Neufahrwasser fest. Die fünftägige Unternehmung ist beendet.

Rudergänger.

Steuerbord-Mitteldeck.

Dritte Unternehmung

Nach der Rückkehr der Kreuzer entschließt sich der OdO, eine Minenunternehmung gegen den Finnischen Meerbusen anzusetzen, um die Russen auch weiterhin dort festzuhalten.

Eine Sperre von zweihundert Minen soll westlich von Nargön bei Tallinn (Reval) von der Fähre *Deutschland*, die im Frieden zwischen Sassnitz und Trelleborg verkehrt hat, unbemerkt nachts gelegt werden. Die Russen selbst sollen eine Sperre nördlich der Insel über den Meerbusen gelegt haben, so daß die deutschen Minen die Durchfahrtslücke teilweise verschließen würden.

Im schriftlichen Befehl für Konteradmiral Mischke wird klipp und klar bestimmt, die Sperre sei dort zu legen. Andere Möglichkeiten gibt es nicht. Es hat also unsichtiges Wetter zu herrschen oder die Russen haben zu schlafen, um nicht zu sehen, was vor ihrer Marinestation passiert.

Der Admiral steht mit seinem Verband – *Augsburg, Magdeburg, V 25, V 26, V 186, Deutschland* – am 17. August 1914 morgens östlich von Gotland und steuert bei sichtigem, ruhigem Wetter nach Norden.

Zwei Dampfer mit Gegenkurs werden angehalten. Der Kapitän des dänischen Frachters *Nordstern* teilt mit, er habe in Höhe von Odensholm vier russische Kreuzer gesehen. Die Nachricht wird vom anderen Dampfer, dem Esten *Rodesnes*, bestätigt.

Damit muß Mischke bereits vor dem Meerbusen mit überlegenen feindlichen Schiffen rechnen und sich zum selbständigen Handeln vorbereiten. Um nicht unverrichteter Sache zurückzukehren, läßt er dem Kom-

Panzerkreuzer *Admiral Makarow*. Schwesterschiffe *Bajan* und *Pallada*.

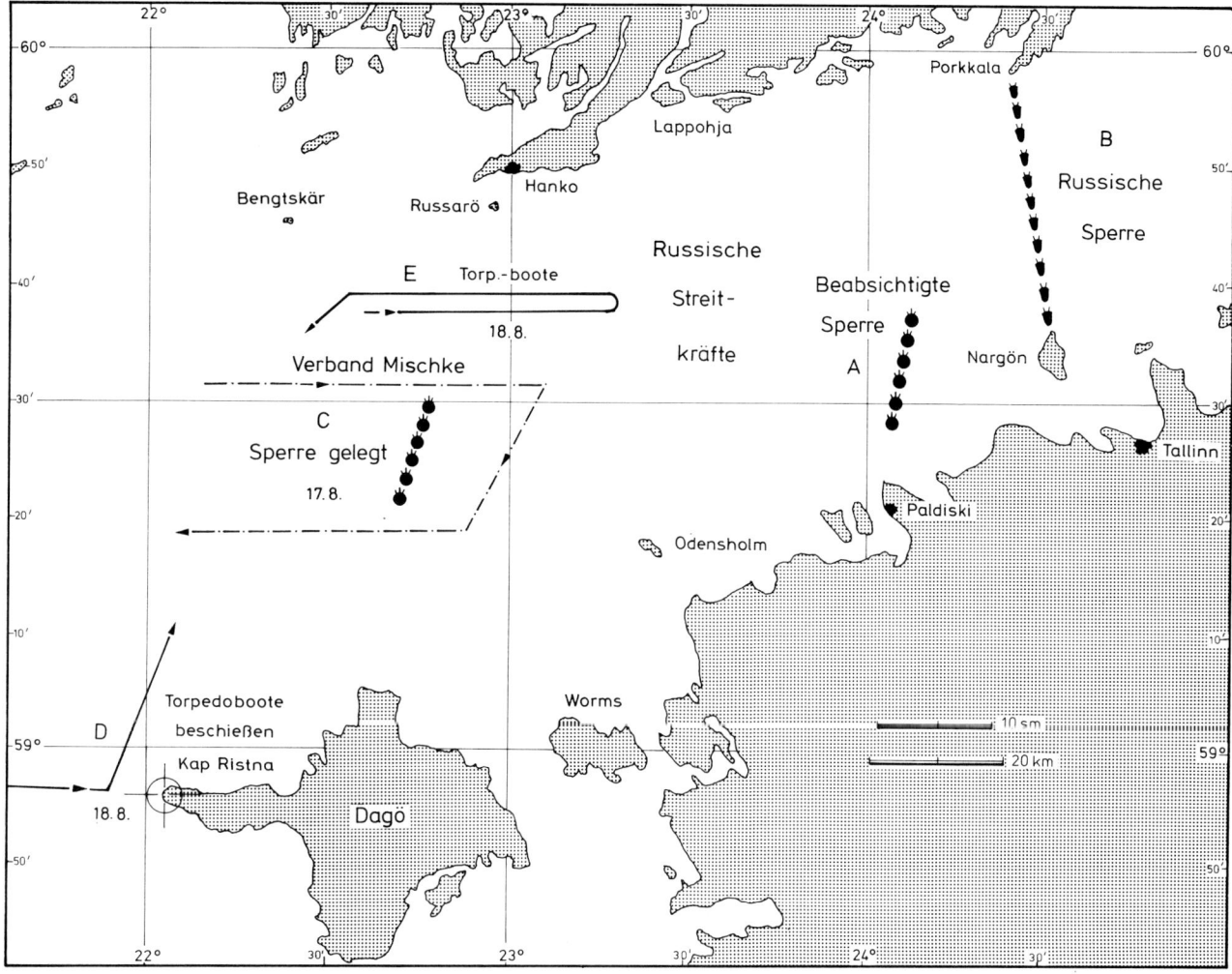

Dritte Unternehmung (August 1914)

Konteradmiral Mischke wird beauftragt, unbeobachtet bei Nacht eine Minensperre zu legen (A), die die Durchfahrtslücke bei der russischen Sperre (B) über dem Finnischen Meerbusen teilweise verschließen würde.

Zu seiner Verfügung stehen *Augsburg*, *Magdeburg*, *V 25*, *V 26*, *V 186* und die Fähre *Deutschland* mit 200 Minen. Am 17. August nähert er sich dem Finnenbusen.

Die russischen Kreuzer *Gromoboj*, Flagge des Konteradmirals Kolomejtzow, und *Admiral Makarow* verhindern jedoch das Eindringen in den Meerbusen und Mischke läßt die Sperre zwischen Hanko und Dagö legen (C).

Am 18. August beschießen die drei Torpedoboote Leuchtturm und Signalstation bei Kap Ristna (D) und stoßen abends nach Osten vor (E). Sie werden südlich Hanko von russischen Schiffen beschossen.

Am 19. August tritt Mischke den Rückmarsch an.

mandanten der Fähre, Kapitänleutnant Claassen, durch Torpedoboot einen genauen Befehl überbringen, wo die Sperre zwischen Dagö und Hanko zu legen ist, falls es nicht möglich sein würde, den ursprünglichen Befehl im Finnischen Meerbusen auszuführen.

Gegen Mittag wird starker russischer Funkverkehr gehört, und einige Stunden später kommen zwei große Rauchwolken in Sicht. Über dem Horizont tauchen zwei Panzerkreuzer auf. Es sind *Gromoboj* und *Admiral Makarow*, begleitet von einigen Torpedobooten.

Der deutsche Verband macht sich klar zum Gefecht, aber die Russen verhalten sich passiv und ziehen sich vor Einbruch der Nacht mit Kurs auf Tallinn zurück. Den Mangel an Offensivgeist an diesem und am nächsten Tag erklärt der Befehlshaber der 1. Kreuzerbrigade, Konteradmiral Kolomejtzow, mit der Überlegenheit des Gegners. Die Russen glauben die Panzerkreuzer *Roon* und *Prinz Heinrich* sowie vier Minenkreuzer und Torpedoboote gesichtet zu haben. Auch wenn diese Beobachtungen gestimmt hätten, wäre Kolomejtzow der stärkere gewesen und hätte angreifen sollen. Das Versäumnis kostet dem Admiral seine Laufbahn. Trotz früherer vorzüglicher Kriegsverdienste wird er seines Postens enthoben.

Da die russischen Kreuzer Mischkes Vordringen in den Meerbusen verhindern, muß er das heikle Problem lösen: entweder das Minenlegen überhaupt aufzugeben oder die Sperre vor dem Meerbusen zu werfen. Er entschließt sich für letzteres.

Als er abends ungefähr auf der Mitte zwischen Hanko und Dagö steht, läßt er Claassen den Funkbefehl zugehen, die Minen auf den Kurs SzW1/2 W zu legen. Mit Tiefstellung von 3 m werden alle 200 Minen in Abständen von 80 m geworfen, während *Augsburg* und *Magdeburg* östlich vorstoßen, um das Minenschiff gegen die 15 km weitab stehenden Russen zu verdecken.

Die Lage der Sperre wird nach Kiel gefunkt. Weiterer Vormarsch nach Osten sei wegen vier russischer Schiffe und Torpedoboote nicht möglich gewesen.

Die Meldung ruft bei Großadmiral Prinz Heinrich und seinem Stabschef Kapitän zur See Heinrich Mißbilligung hervor. Mischke hat also den Befehl nicht durchgeführt. Wider Erwarten haben die Russen nicht geschlafen. Der Admiral wird nicht mehr mit Offensivunternehmungen betraut.

Am 18. August frühmorgens steht der Verband südöstlich von Gotska Sandön. *Deutschland* wird nach Danzig entlassen. Mischke entschließt sich, nochmals in den Eingang des Finnischen Meerbusens einzudringen, mit dem Feind in Fühlung zu kommen und ihn möglichst auf die neue Sperre zu ziehen.

Nachdem die drei Torpedoboote mittags Leuchtturm und Signalstation bei Kap Ristna auf Dagö beschossen haben, erhält der älteste Kommandant, Kapitänleutnant Wieting auf *V 25*, den Befehl:

– In der Rotte geschlossen mit hoher Fahrt nach Osten vorstoßen. Kurs nördlich der Sperre und möglichst feindliche Schiffe feststellen. Nicht beschießen lassen. Den gleichen Kurs zurückdampfen. Rückkehr spätestens um 20.00 Uhr.

Die Kreuzer halten sich südlich Bengtskär auf. *Magdeburg* hält nachmittags einen schwedischen und einen norwegischen Dampfer an und erfährt, daß die Russen in Lappohja (Lappwik) bei Hanko einen Flottenstützpunkt mit 15–20 Torpedobooten hätten, eine Minensperre anscheinend von Russarö in südlicher Richtung auslägen und daß zwischen Hanko und Tallinn drei Panzerkreuzer seien.

Darauf ruft Mischke seine Boote zurück. Sie haben zwei Verbände zu je drei Schiffen erkannt und sind beschossen worden. Die Boote werden nach Danzig entlassen und sollen auf dem Heimweg den Leuchtturm von Backofen bei Windau beschießen.

Im Lauf des 19. August werden keine russischen Schiffe ausgemacht. Der Kohlenvorrat der *Augsburg* und *Magdeburg* geht zu Ende, und Mischke tritt den Rückmarsch östlich Gotland an. Am nächsten Tag abends laufen die Kreuzer in der Werft in Danzig ein.

Magdeburg auf hoher See.

Anfang der vierten Unternehmung

Die Ergebnisse der drei ersten Kriegsunternehmungen bedingen eine Neuorganisation.

Konteradmiral Mischke behält als ursprünglicher Befehlshaber der Küstenschutzdivision die Sicherung in der südwestlichen Ostsee, während die Tätigkeit gegen die Russen einem detachierten Admiral übertragen wird. Dieser soll frei von allen Verwaltungs- und Nachschubsorgen sich nur Vorstößen gegen den Feind widmen und den Mangel der Kreuzerkommandanten an Flottenerfahrung ersetzen. Erfahrene Kommandanten kann die Hochseeflotte nicht entbehren.

Zum detachierten Admiral wird Konteradmiral Behring ernannt. Er hat sich auf Torpedobooten bewährt und ist als hervorragender Führer bekannt. Sein Admiralstabsoffizier wird Kapitänleutnant Gercke aus dem Stab des OdO.

Am 23. August setzt Behring in Kiel seine Flagge auf *Augsburg* und geht am nächsten Tag ohne schriftliche Befehle in See.

Als der Verband am Dienstag, den 25. morgens, auf Hoburg Bank östlich Gotland liegt, werden die Kommandanten zu einer Sitzung auf das Flaggschiff gerufen.

Der Admiral beabsichtigt, mit den beiden Kreuzern samt *V 26* und *V 186* im Lauf des Nachmittags möglichst außer Sicht des Feindes die finnische Felsengruppe Bogskär mit 20 kn anzusteuern, um einen unbedingt sicheren navigatorischen Abgangspunkt für das nächtliche Eindringen in den Finnischen Meerbusen zu erhalten. Andere Punkte, wie Dagerort auf Dagö, kommen wegen der dort liegenden Beobachtungsstationen nicht in Frage. Bogskär soll nach erhaltenen Nachrichten von den Russen als zu exponiert aufgegeben sein.

Nachts soll der russische Torpedobootsgürtel zwischen Odensholm und Bengtskär – nach Möglichkeit ungesehen – durch Nordflügel durchbrochen werden.

Bei allen Überlegungen Behrings hat sich die neue *Deutschland*-Sperre als sehr störend erwiesen. Er hat den Weg nördlich von dieser Sperre gewählt und muß dann mit Kurs auf Odensholm eine angenommene russische Sperre südöstlich Russarö südlich passieren. Diese Annahme erweist sich später als Irrtum. Dort gibt es keine Minen. Hinter dem Torpedobootsgürtel

Konteradmiral Behring, Detachierter Admiral.

kann man mit Panzerkreuzern rechnen. Diese sollen mit Torpedos angegriffen werden.

Marschgeschwindigkeit nach Osten 15 kn, kehrtmachen nachts gegen 01.45 Uhr, Rückmarsch mit 18 kn. Auflösen um o2.30 Uhr oder auf Signal. *Magdeburg* südlich, *Augsburg* nördlich der *Deutschland*-Sperre. Auf dem Rückmarsch die russische Vorpostenlinie aufrollen, Torpedoboote jagen und vernichten. Bei Nebel Operationen fortsetzen oder Funkbefehl.

Jedem Teilnehmer an der Sitzung ist es klar, daß es ein verwegenes Vorhaben ist. »Unser Todesritt«, sagt einer vor sich hin. Behrings Schlußworte:

– Wird es nicht gewagt, so ist auch der Erfolg ausgeschlossen.

Die Unternehmung läuft mit Nordkurs auf Bogskär zu an.

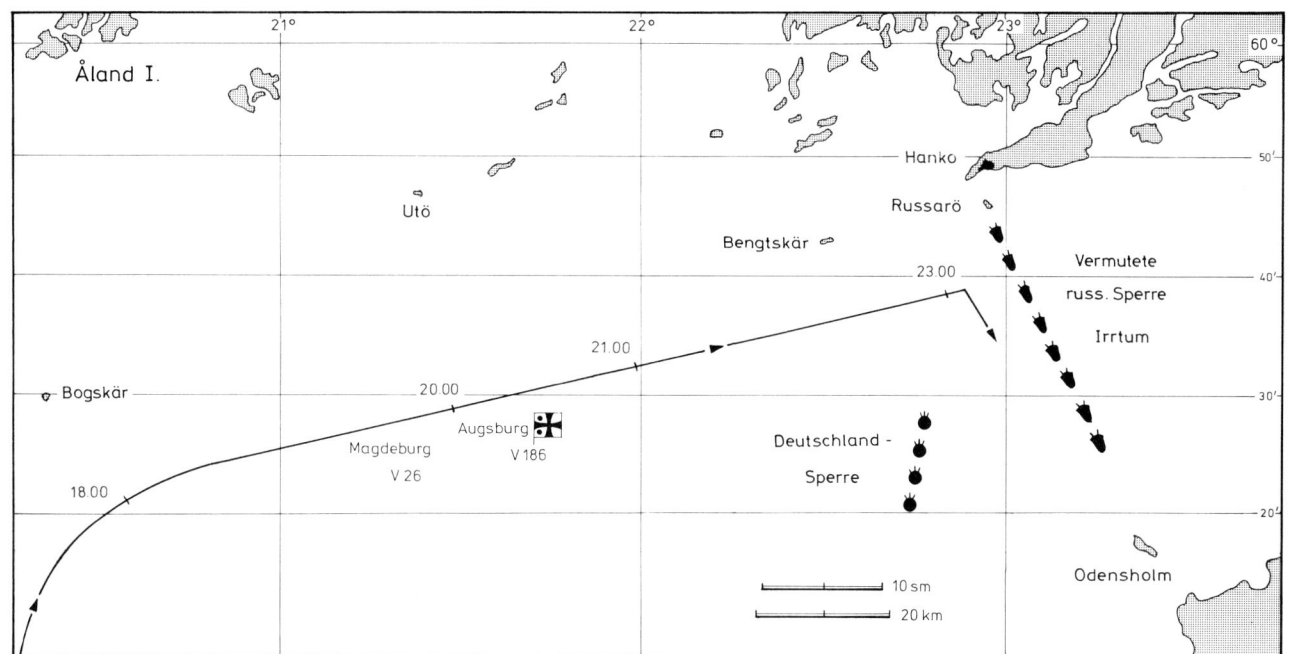

Anfang der vierten Unternehmung
Augsburg und *V 186*, *Magdeburg* und *V 26* am 25. August 1914.

Kleiner Kreuzer *Augsburg*. Flaggschiff des Konteradmirals Mischke, nach ihm des Konteradmirals Behring.

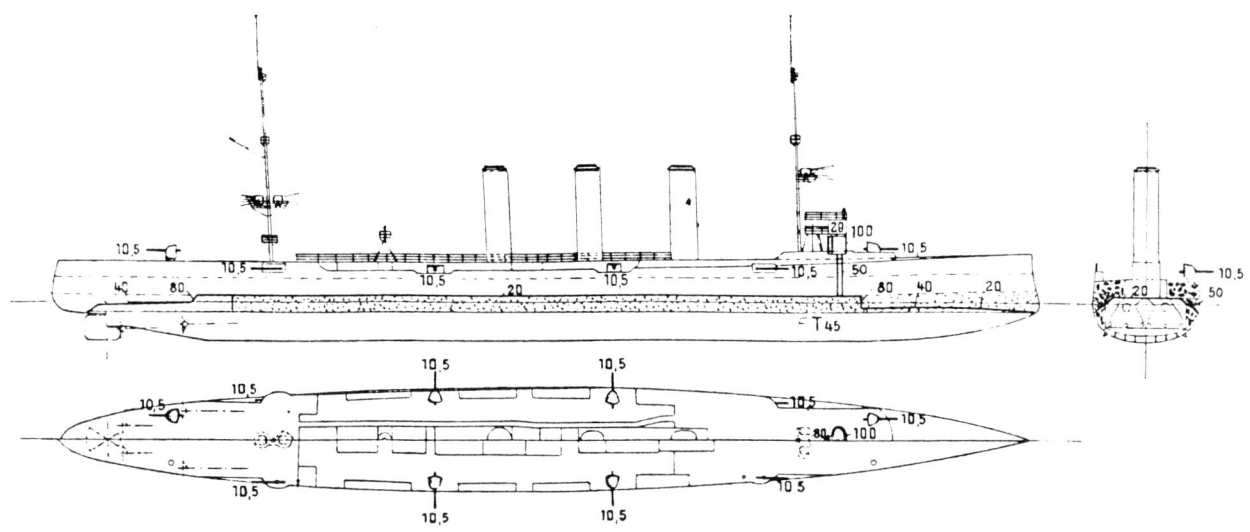

Kleiner Kreuzer *Augsburg*

Stapellauf 1909, 4350 t, 24 kn, zwölf 105-mm-Geschütze, zwei Torpedorohre, Länge 130 m, Breite 14 m, Tiefgang 5,40 m. Besatzung 367. Bauwerft Kaiserliche Werft, Kiel. Zeichnung Maßstab 1:1000. Dicke der Panzerungen in mm, Kaliber der Geschütze in cm. Schwesterschiffe *Kolberg*, *Mainz*, *Cöln*.

Um sie in der kommenden Nacht ausführen zu können, hält der Admiral zunächst die hohe Geschwindigkeit von 20 kn. Eine Verschiebung könnte die Anwesenheit des Verbandes in der nördlichen Ostsee verraten.

Zur Übung wird Klarschiff geprüft.

Nachmittags kommt ein Dampfer in Sicht. Von *V 26* angehalten und befragt, erfährt man, er sei der Schwede *Helge* aus Åhus, käme aus Viipuri in Finnland und habe russische Kriegsfahrzeuge bei Tallinn gesehen. Die Minensperre zwischen Nargön und Porkkala wird bestätigt.

Diese Nachrichten und Standort werden nach Kiel gefunkt. Bereits vormittags wurde dem OdO der Beginn des Vormarsches gemeldet. Auf Funkstille im Vorgarten des Feindes beim Beginn der Unternehmung wird also nicht geachtet.

Dann gibt Behring seine Absicht, den Standort durch Landbeobachtung bei Bogskär genau festzustellen, auf. Er hält die Sicherheit des Abgangspunktes für vorhanden, da ein astronomisches Besteck der *Augsburg* mit dem gegißten – nach den abgelaufenen Kursen – zusammenfällt.

Als das Besteck um 17.00 Uhr von beiden Kreuzern gemeinsam bestimmt wird, differiert es um eine Seemeile. Die Kimm ist nicht mehr ganz klar. Anscheinend wird auf die Differenz auf *Magdeburg* kein größerer Wert gelegt, weil sie dem Flaggschiff zu folgen hat, Abstand 1000 m. Dieser Abstand ist gewählt worden, um mit *Magdeburg* noch freizukommen, falls *Augsburg* auf Minen laufen sollte.

Gegen Abend tritt ein neuer, beunruhigender Faktor ein. Das Wetter wird diesig. Nach 20.00 Uhr ist der Nebel so dick, daß der Offizier auf der Back von der Brücke aus zeitweise nicht einmal mit dem Doppelglas zu sehen ist.

Der Schiffsabstand beträgt nunmehr 800 m. Bisweilen ist die Rauchfahne der *Augsburg* sichtbar.

Auf der Brücke der *Magdeburg* wartet man jeden Augenblick auf ein Signal des Admirals zum Abbrechen des Unternehmens. Es kommt nicht.

Behring in seinem amtlichen Kriegstagebuch, das er um 23.30 Uhr unterschreibt:

21.00 Uhr: Strichweise Nebel, still. Planmäßig vorgegangen. Der strichweise Nebel erschien nicht

Augsburg. Auf dem Kriegswachleitstand.

Augsburg. Zeugwaschen auf Kriegswache.

ungünstig für das Durchbrechen der russischen Vorpostenlinie. Da sowieso nach Kurs und Uhrzeit gesteuert werden mußte, schien kein Grund vorzuliegen, die Unternehmung aus navigatorischen Rücksichten aufzugeben. *Magdeburg*, die sich etwas hatte sacken lassen, kommt im Nebel aus Sicht. Mit *Augsburg* und *V 186* in Rücksicht auf die Navigation mit den abgesetzten Kursen und Geschwindigkeiten weitergesteuert. Kursänderungen und Standorte *Magdeburg* nachrichtlich mitgeteilt.

23.00 Uhr: Nach Passieren der Sperre wird Nebel sehr dick. Weiter vorgestoßen bis 007 Zusatzzahl 6 ohne etwas vom Feind zu sehen.

Damit ist es Zeit, den Kurs wegen der – in Wirklichkeit nicht vorhandenen – russischen Minensperre auf Odensholm zu ändern.

Kriegstagebuch *Augsburg*:

23.03 Uhr: Funkspruch an *Magdeburg*: Ich steuere folgenden Kurs 23.00 Uhr: SOzS. *Augsburg*.

Also »ich steuere«. Warscheinlich eine einzige Kodegruppe, SOV, mit der Bedeutung *steuern,* auch zu verstehen *ich steuere, steuern Sie,* je nach dem Zusammenhang. Hier, wie in dem späteren Funkspruch um 0.27 Uhr, kann es sich nur um eine nachrichtliche Mitteilung »ich steuere« *nach* der erfolgten Kursänderung handeln, nicht um Befehl, wie es in der amtlichen Seekriegsgeschichte heißt.

Der Funkspruch liegt um 23.07 Uhr auf *Magdeburg* entschlüsselt vor. Es wird nun auf den neuen Kurs gedreht und noch etwa für zwei Minuten ein Strich mehr nach Steuerbord gehalten, um die in sieben Minuten nach Osten gelaufene Strecke wieder gutzumachen

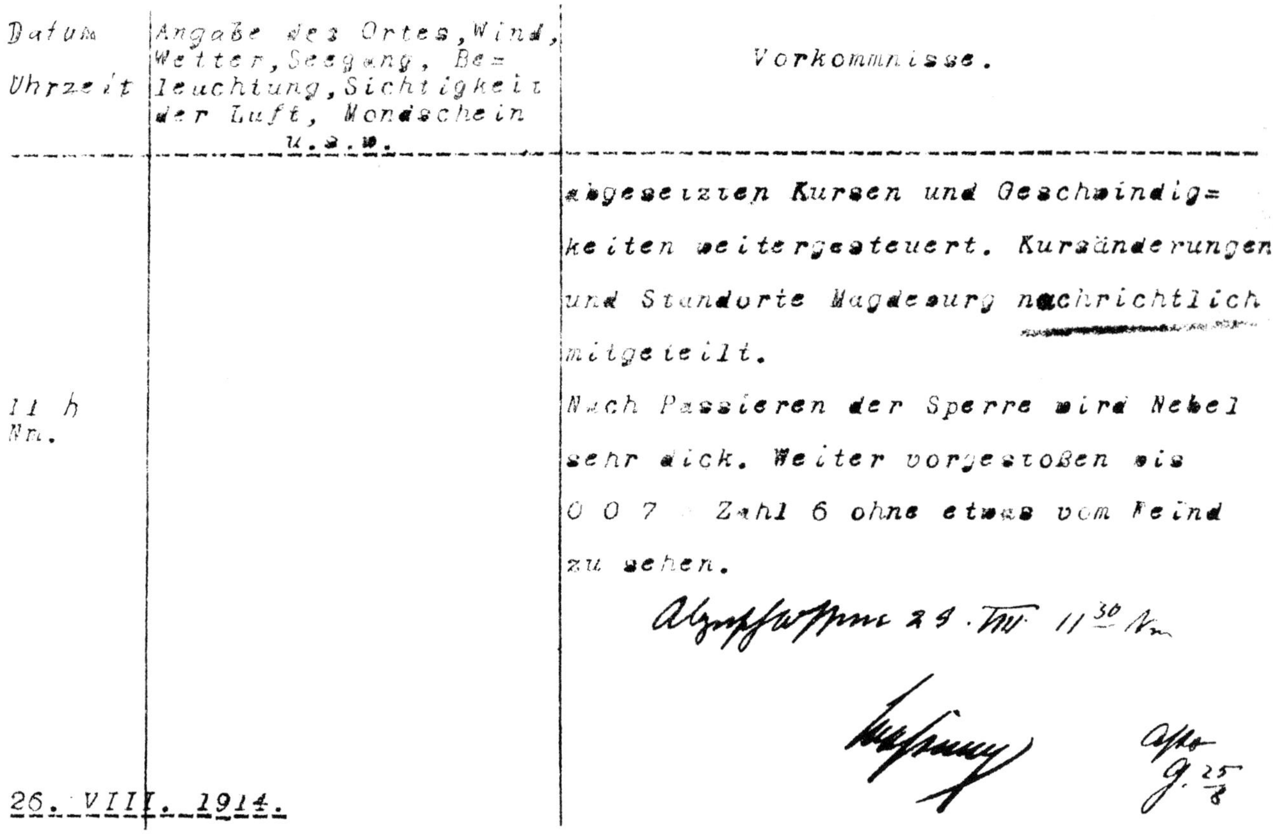

Datum Uhrzeit	Angabe des Ortes, Wind, Wetter, Seegang, Be= leuchtung, Sichtigkeit der Luft, Mondschein u.s.w.	Vorkommnisse.
		abgesetzten Kursen und Geschwindig= keiten weitergesteuert. Kursänderungen und Standorte Magdeburg nachrichtlich mitgeteilt.
11 h Nm.		Nach Passieren der Sperre wird Nebel sehr dick. Weiter vorgestoßen bis 0 0 7 Zahl 6 ohne etwas vom Feind zu sehen.

[handschriftliche Unterschrift] 25. VIII 11³⁰ Nm.

[Unterschriften]

26. VIII. 1914.

Eine Seite vom Kriegstagebuch des Detachierten Admirals auf *Augsburg* 25.–26. August 1914. Der obere Teil ist am 25. um 23.30 Uhr abgeschlossen, von Konteradmiral Behring unterschrieben und von seinem Admiralstabsoffizier Kapitänleutnant Gercke mit G signiert. »Kursänderungen und Standorte Magdeburg nachrichtlich mitgeteilt«, also weder befohlen noch angewiesen. (Bundesarchiv-Militärarchiv, Freiburg i. Br.)

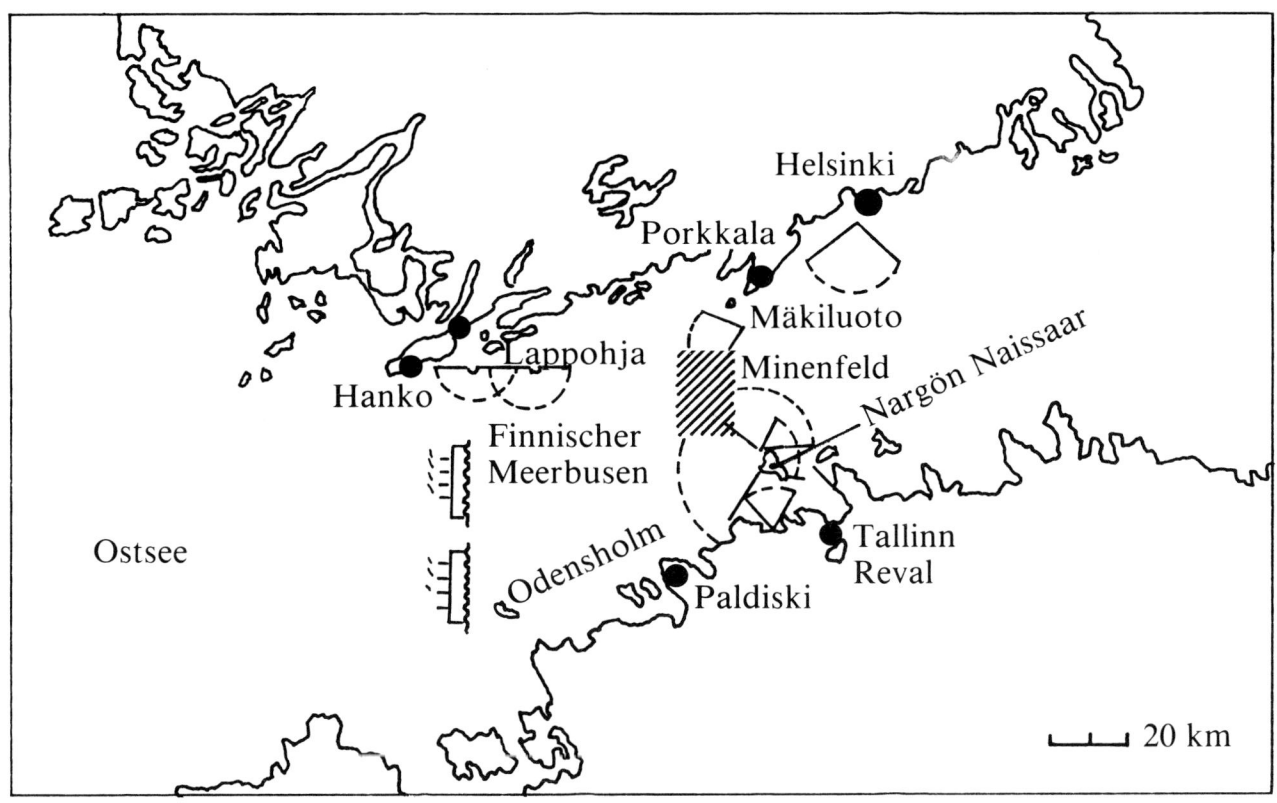

Zentrale Flotten-, Minen- und Artillerieposition der russischen Ostseemarine.
Marinestationen Helsinki und Tallinn. Kreuzervorposten Hanko – Odensholm. Küstenbatterien (◁).

und auf den vermutlichen *Augsburg*-Kurs zu kommen.
Nach späteren Untersuchungen liegt der Drehpunkt der *Magdeburg* wahrscheinlich eine Seemeile südlicher und damit näher Odensholm als auf dem Schiff gegißt, also soviel wie die Differenz bei der gemeinsamen Bestimmung des Bestecks um 17.00 Uhr.

Es wird mit 15 kn weitermarschiert, der Kurs genau gesteuert und dauernd vom Peilkompaß überwacht. Von jetzt ab werden 230 Umdrehungen gehalten, die Zahl, die während des Nachmittags als diejenige ermittelt wird, mit der der Abstand zu *Augsburg* gleichhielt. Der Navigationsoffizier erhält von jeder Änderung des Maschinenganges Kenntnis, um die nötigen

Unterlagen für das Koppeln zu erlangen. Eine Fahrttabelle für die Fahrt ohne Mittelturbine ist nicht vorhanden, was die Navigierung »außerordentlich erschwert«.

Erste Stunde des 26. August 1914

Mitternacht. Eintönig rauscht die vom Vorsteven aufgeworfene See an den Schiffsseiten entlang. In völliger Finsternis und dichtem Nebel stehen Offiziere und Brückenpersonal auf der Brücke der *Magdeburg*. Kein unnötiges Wort wird laut. Gespannt hält man Ausguck nach allen Seiten. Der Feind muß in der Nähe sein.

Hin und wieder geht einer der Offiziere ins Kartenhaus und wirft einen Blick auf die Karte. Bald muß die an Backbord vermutete russische Minensperre überflügelt sein und der Kurs auf Ost geändert werden, damit man nicht zu nahe an die Nordspitze von Odensholm kommt.

Es wird dauernd gelotet. Als die Lotwürfe markant geringere Werte, 58 und 43 m, ergeben, wird man unruhig. Der Kommandant hört Meinungsäußerungen, man solle doch nach Backbord abdrehen oder wenigstens mit der Fahrt heruntergehen.

Nach Ansicht des Sachverständigen, der nachher gehört wird, ist bis etwa 0.15 Uhr richtig verfahren worden, aber sobald die Lotungen unter 50 m betrugen, hätte der Kommandant den Kurs ändern müssen.

Nächste Lotung wird gerufen:

– 34!

Sowohl der Navigationsoffizier Kunau als der Adjutant Bender drängen den Kommandanten zur Kursänderung. Vergebens. Er meint nur, wenn vom Admiral bis halb eins kein Signal kommt, dann wird er selbständig nach Osten drehen.

Obgleich er das Flaggschiff seit über einer Stunde nicht mehr gesehen hat, wartet er auf die Befehle des Admirals, glaubt von ihm noch geführt zu werden. Trotzdem, sagt der Sachverständige, hätte der Kommandant als der alleinige Verantwortliche für die Sicherheit seines Schiffs den Kurs ändern müssen. Wenn er bei seinem Entschluß geblieben wäre, um 00.30 Uhr abzudrehen, wäre das Schiff noch wahrscheinlich von Odensholm freigekommen.

Als das Flaggschiff sich noch fast fünf Seemeilen von Odensholm entfernt befindet, werden um 00.15 Uhr in ONO Lichtsignale beobachtet und deshalb Kurs auf den Lichtschein geändert.

Die Kursänderung muß auch *Magdeburg* erfahren. Zum Unglück verzögert sich auf *Augsburg* in uner-

Der Navigationsoffizier, Kptlt. Kunau.

klärlicher Weise die Weitergabe dieser wichtigen Nachricht, so daß erst um 00.27 Uhr der Funkspruch »Ich steuere folgenden Kurs 00.15 Uhr: ONO$^1/_2$O« gegeben wird.

Gerade als auf *Magdeburg* das Ruderkommando um 00.30 Uhr erfolgen soll, meldet der Funkraum:

– Signal!

Verhängnisvolle Navigierung der *Magdeburg* in der nebligen Nacht 25./26. August 1914.
Wahrscheinlicher Drehpunkt der *Magdeburg* (MB) um 23.07 Uhr 1 sm näher Odensholm als berechnet. Schiff trotz der abnehmenden Lotergebnisse weiter auf Odensholm zugefahren und aufgelaufen.
Augsburg (AX) um 00.16 Uhr abgedreht.
(Bundesarchiv – Militärarchiv, Freiburg i. Br.) ▶

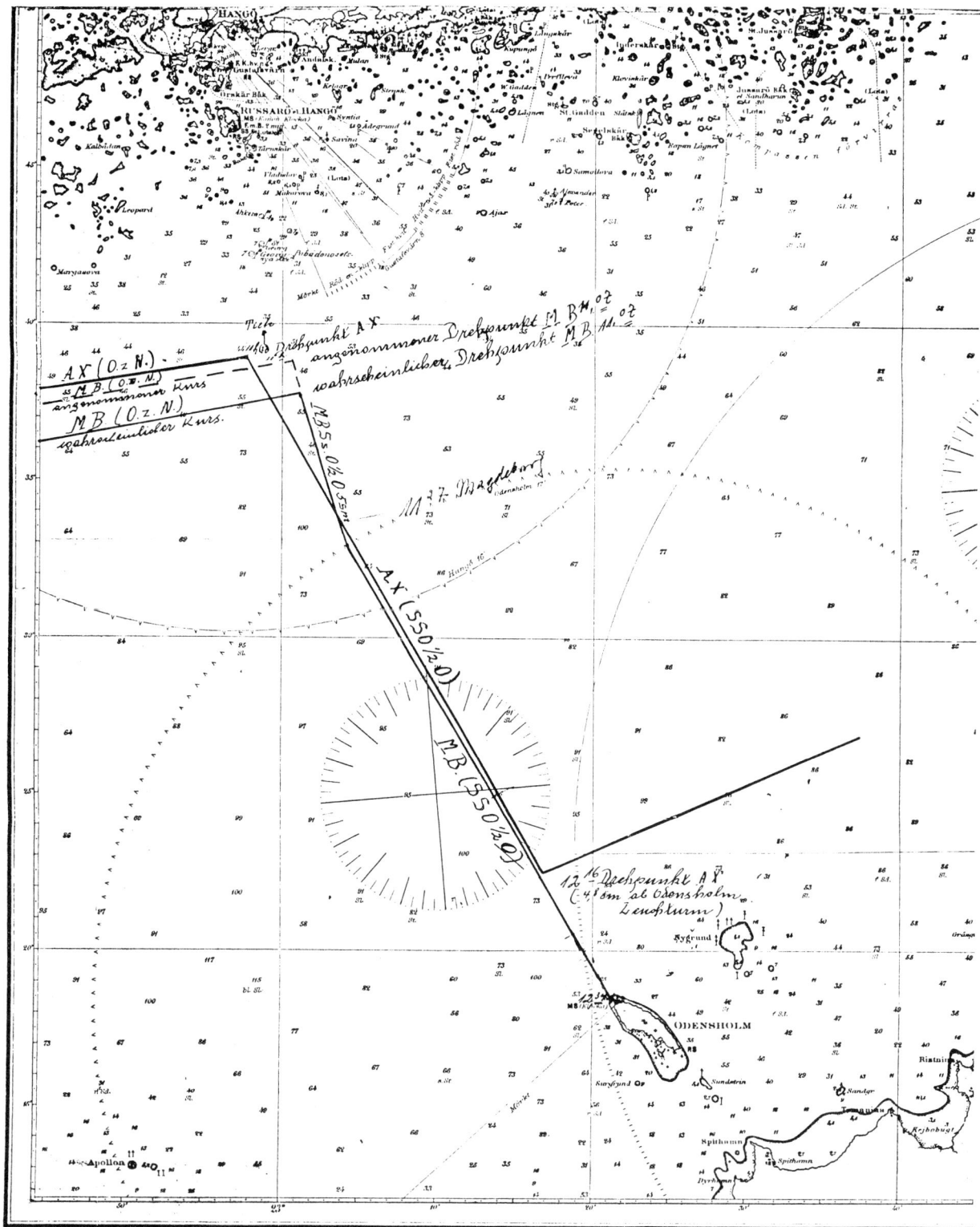

Es ist klar, daß der Funkspruch von *Augsburg* kommt. Habenicht will noch abwarten, was der Admiral ihm zu sagen habe. Erst nach weiteren vier Minuten kommt der entschlüsselte Funkspruch auf die Brücke und hat das sofortige Ruderkommando zur Folge:

– Backbord 15 Grad!

Jedes Schiff, wie jeder Mensch, hat seine Eigenschaften. Zu den Eigenschaften der *Magdeburg*-Klasse gehört, daß sie schwer andreht und dann gut weiterläuft. Kostbare Augenblicke vergehen. Es ist 00.38 Uhr.

Das Schiff ist noch im Drehen, Kurs SOzO, als es von einem heftigen Stoß erschüttert wird. Mine oder Torpedo? Nein, keine Detonation. Der Schiffsleib knirscht und zittert. Es folgen noch vier oder fünf starke Stöße. Dann stoppt das Schiff so jäh, daß jeder, der nicht sofort eine Stütze findet, umfällt. Zuletzt ein leises Beben, ein letzter Lebenshauch der *Magdeburg*.

Äußerste Kraft zurück zeigt keine Wirkung. Das Schiff sitzt unbeweglich an seiner Backbordseite. Der Doppelboden der achteren Abteilungen ist aufgerissen und bald voll Wasser. Steuerbord vorn wird nur 2,5 m gelotet, Backbord 5, am Heck 7 und 9 m.

Die Lage ist verzweifelt. Das schwer beschädigte Schiff befindet sich 300 m WNW von Odensholm-Leuchtturm und Signalstation, nur 50 sm von der russischen Marinestation Tallinn.

V 26 sucht *Magdeburg*

Trotz des geschlossenen Fahrens verliert das Begleittorpedoboot, Kommandant Kapitänleutnant Freiherr Roeder v. Diersburg, die *Magdeburg* häufig aus Sicht, aber er findet sie stets nach kurzer Zeit wieder.

Der Kommandant läßt das nicht im Verbandsfahren ausgebildete Personal neben dem wachhabenden Offizier auf der Brücke stehen, um es anzuleiten und das geschlossene Fahren zu ermöglichen.

Wieder einmal verschwindet der Kreuzer im Nebel. Es ist 00.23 Uhr. Als er während der nächsten Minuten nicht zu finden ist, entschließt sich v. Roeder, die Gelegenheit des selbständigen Kursfahrens zu benutzen und geht ins Kartenhaus, um den Standort festzulegen.

Zu seinem Schrecken sieht er, daß sein Boot sich dicht an den Untiefen bei Odensholm befindet und ruft das Ruderkommando:

– NOzO!

Es ist 00.30 Uhr.

Dann versucht er mit Funk bei *Magdeburg* den Standort des Kreuzers zu dieser Stunde zu erfahren. Er nimmt an, daß das Schiff um 00.23 Uhr den Kurs geändert haben muß.

Ehe der Funkspruch abgegeben werden kann, wird um 01.03 Uhr die Meldung der *Magdeburg* an *Augsburg* abgelesen:

– Auf eine Untiefe aufgelaufen 00.38 Uhr mit Kurs SOzO.

Und anderthalb Stunden später:

– Schiff ist festgekommen im Drehen. Sitzt längsseits. Wenig Aussicht ohne Hilfe.

Kapitänleutnant v. Roeder steuert gemäß Operationsbefehl weiter; den Rückmarsch tritt er um 01.45 Uhr an.

Inzwischen erfährt er den Standort der *Magdeburg* und will zu Hilfe eilen. Zunächst steuert er zu seinem Wendepunkt von 00.30 Uhr zurück und dreht dort auf den alten Kurs SOzS. Gleichzeitig läßt er den Scheinwerfer langsam schweben und macht von Zeit zu Zeit Erkennungssignale mit Dampfpfeife und Sirene.

Einmal funkt der Kreuzer:

– Vor fünf Minuten sind Sie hier gesehen worden.

Der Gefechtsrudergänger eines Torpedoboots.

Später erfährt man, daß das Torpedoboot nicht gesehen, sondern nur gehört worden war.

Diese Nachricht um 03.40 Uhr hilft nichts, da man die Richtung nicht erfährt.

Der Kommandant dampft in kürzeren Strecken in Vierecksform ab und sucht gleichzeitig seinen genauen Schiffsort durch Lotung festzulegen. Da er aber nur größere Wassertiefen findet und weder auf *Magdeburg* noch auf Odensholm stößt, beschließt er durch einige längere Lotungslinien seinen eigenen Ort genau zu erfahren. Er glaubt östlich der Insel zu sein, aber die längeren Lotungslinien beweisen, daß er nördlich von Odensholm herumgedampft sein muß

45

V 26, Begleittorpedoboot der *Magdeburg*. Stapellauf 21. Februar 1914, Indienststellung 1. August 1914, 900 t, Länge 78,5 m, Breite 8,33 m, Tiefgang 3,33 m,
25 000 PS, 33 kn, drei 88-mm-Geschütze, sechs Torpedorohre, 24 Minen, Besatzung 83 Mann. V = Vulcan-Werft, Stettin.

und um 07.12 Uhr westlich der Insel in der Höhe der Mitte steht.

Dann steuert er mit Kurs NO, bis er an die 10-Meter-Grenze an die Insel herankommt und lotet sich an dieser Grenze zur Nordspitze.

Im Nebel ist das Land ganz schwach auf etwa 150 m Abstand zu sehen. Die Sicht beträgt nicht über 200 m, und das Schiff ist nicht auszumachen.

Das Suchen geht weiter.

Endlich, gegen halb neun Uhr, hört man den Lärm des Arbeitens auf dem Schiff und steuert auf die Stelle zu. Tatsächlich! Da liegt die *Magdeburg* mit etwas Schlagseite nach Backbord, den Bug anderthalb Meter hoch, und arbeitet energisch, um loszukommen.

Die Russen werden alarmiert

Der russische Marinestab erhält die erste Nachricht vom Auflaufen eines fremden Schiffs vom Chef des Beobachtungsdienstes, Kapitän zur See Nepenin. Diesem hat der Posten auf Odensholm gemeldet, man höre im Nebel deutsche Worte. Anscheinend säße ein deutsches Schiff fest.

Unverzüglich geht der Kapitän mit den Torpedobooten *Lejtenant Burakow*, 402 t, und *Rjanyj*, 245 t, nach Odensholm in See. Vor dem Auslaufen teilt der Stab noch mit, die 6. Torpedobootsdivision würde bald folgen. Sonst seien keine russischen Fahrzeuge in See.

Während der Fahrt mit Westkurs kommen weitere Nachrichten von Odensholm an. Das aufgelaufene Schiff sei ein Kreuzer mit vier Schornsteinen. Ein Torpedoboot sei zu ihm gestoßen. Auf den russischen Booten wird angenommen, daß das Schiff der Panzerkreuzer *Roon* sei.

Die Torpedoboote finden die Insel nicht. Sie haben sie passiert und kehren durch den Sund nach der Ostseite zurück.

Der Stab sendet auch die wachhabenden Kreuzer *Bogatyr* und *Pallada* nach Odensholm, ohne die Torpedoboote davon in Kenntnis zu setzen.

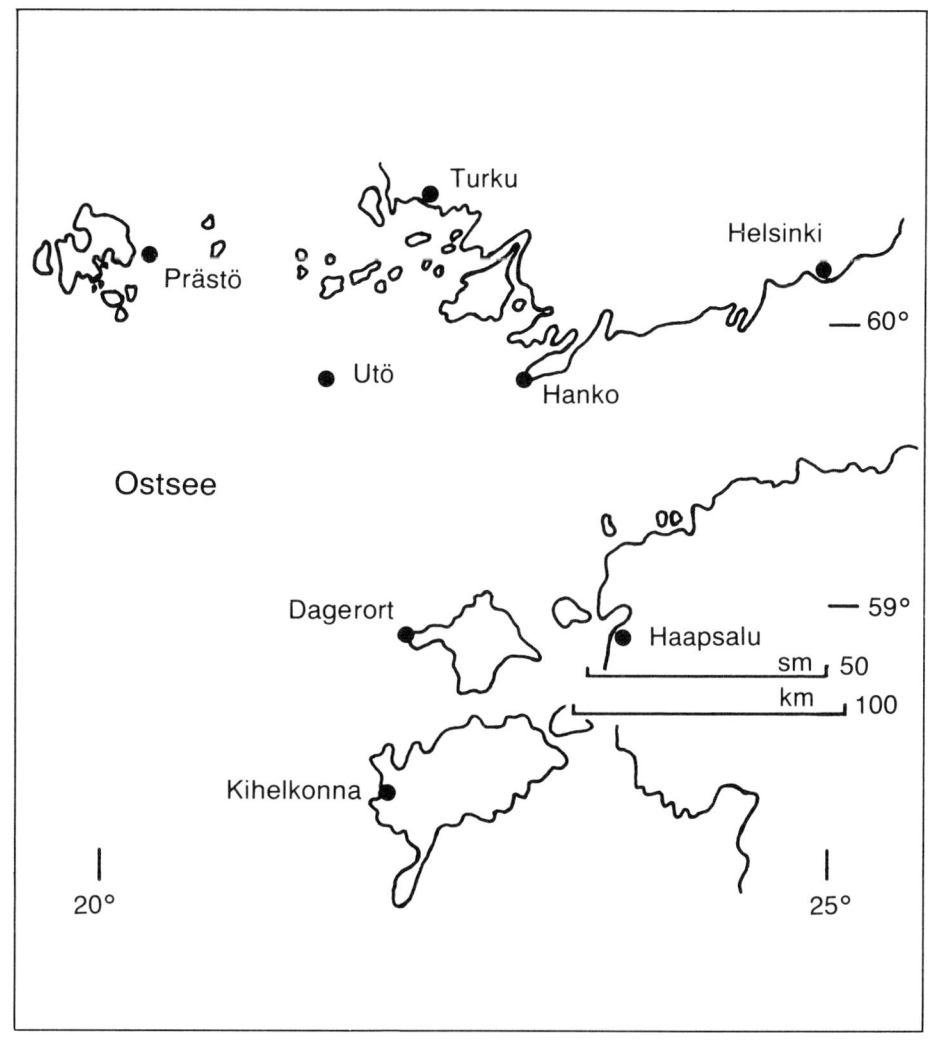

Funkpeilstationen
der Ostseemarine.

Eine gräßliche Nacht

Für das Freikommen der *Magdeburg* wird alles versucht.

Als das sofortige Zurückschlagen mit den Maschinen nichts hilft, wird es mit »Alle Mann auf der Schanze« zum Schlingern bei äußerster Kraft zurück und verschiedenem Gang der beiden Turbinen versucht. Das Schiff ächzt und stöhnt, bewegt sich aber nicht.

Es muß vorn erleichtert werden. Die Munition im Vorschiff wird nach achtern gemannt, beide Anker mit Ketten von Bord gegeben. Dann wieder die Besatzung achteraus und ein neuer Versuch. Nützt nichts.

Alle Wasch- und Trinkwasserzellen werden gelenzt, Mitteltunnel geflutet und Kohlen mit Säcken am Bug von Bord gegeben. Wieder die Maschinen äußerste Kraft zurück. Nichts.

Der Kommandant entschließt sich, das Schiff im ganzen noch mehr zu erleichtern. Fast die ganze Munition wird über Bord geworfen, ebenso alle losnehmbaren Eisenteile, Stahlleine, Taulast, Minenschienen, Schottüren und die Türen des Kommandoturms. Der Heckanker wird dreimal ausgefahren und gehievt, als die Maschinen äußerste Kraft zurückgehen und mit »Alle Mann« versucht wird, das Schiff zum Schlingern zu bringen. Kein Erfolg.

Es wird langsam heller. Zu beiden Seiten sind Steine und der Grund zu sehen.

Vom Admiral kommt die Anweisung, die Telegrafenstelle Odensholm zu zerstören, wenn nötig, dazu zu landen, um das Bekanntwerden des Unfalls möglichst zu verzögern. Mit 120 Granaten aus den Steuerbordgeschützen wird das Signalhaus in Brand geschossen und der Leuchtturm durchlöchert. Die Russen eröffnen Gewehrfeuer, werden aber mit Maschinengewehren zum Schweigen gebracht. Vom Feind wird nichts gesehen.

Eine Sirene wird gegen halbacht Uhr an Backbord achtern gehört. *Magdeburg* macht mit Scheinwerfern und Morsebuchstaben MB, doch verschwindet das Fahrzeug – *V 26* – wieder im Nebel.

Erst eine Stunde später wird es zur großen Freude aller als letzte Hoffnung Backbord vorn in 50 m Abstand erkannt, zuerst Scheinwerfer, dann Rufen. Mit seinen 25 000 Pferdestärken muß das Torpedoboot doch das erleichterte Schiff abschleppen können!

Es wird sofort ans Werk gegangen. Als das Boot mit aller Kraft angeht, geben beide Poller auf dem Kreuzer nach und der Schäkelbolzen von *V 26* bricht.

Beim zweiten Versuch drückt der östlich setzende Strom das Boot soweit herum, daß es querab schleppt. Das Schiff rührt sich nicht.

Der dritte Versuch wird auf Befehl des Kommandanten abgebrochen. Er gibt den Befehl:

– Maschinenpersonal auf das Boot gehen!

Magdeburg wird ihre Turbinen nicht mehr brauchen.

Magdeburg bei Odensholm.

48

Die Geheimsachen

Um sieben Uhr befiehlt der Kommandant seinem Adjutanten und Funkoffizier Bender, der die Geheimsachen verwaltet, sie in den Heizräumen zu verbrennen, jedoch mit der verhängnisvollen Einschränkung: nicht solche, die noch gebraucht werden.

Besatzungsangehörige sehen, wie in den Heizräumen 1 und 3 eine große Anzahl von Büchern, darunter Geheimbücher, restlos verbrannt werden. Bender selbst holt das Signalbuch der Brücke aus dem Ruderraum. Vom Signalbuch besitzt der Kreuzer drei Exemplare, und zwar die Nr. 145, 151, 974. In Gebrauch sind zwei. Nr. 151 fällt unbeschädigt in russische Hände und wird den Briten übergeben.

Nicht vernichtet werden:
- das Signalbuch auf der Brücke,
- das Signalbuch im Funkraum,
- der Kriegssignalbuchschlüssel im Funkraum,
- die Quadratkarte,
- das Kriegstagebuch und
- einige Seekarten.

Dem Umstand, daß einige zum Signal- und Funkverkehr erforderlichen Geheimschriftmittel nicht vernichtet werden, da sie alle auf *V 26* hinübergerettet werden sollen, sei zu verdanken, daß das Heranholen des Torpedoboots und die Rettung der Besatzung gelingt.

So meint Kleikamp. Die Absicht, die Geheimschriftmittel auf das Torpedoboot zu retten, das noch sechs Stunden nach der Havarie nicht erschienen ist, ist nicht nur fragwürdig, sondern letztlich auch unnötig gewesen. Als es dem Torpedobootskommandanten nach weiteren anderthalb Stunden endlich gelingt, *Magdeburg* zu finden, spielen die aufgehobenen, also nicht vernichteten Geheimschriftmittel dabei nämlich keine Rolle.

Nachdem die Abschleppversuche erfolglos geblieben sind und gleichzeitig starker russischer Funkverkehr gemeldet wird, ist es klar, daß feindliche Streitkräfte bald auf den hilflosen deutschen Kreuzer stoßen werden.
In den Bestimmungen des Admiralstabs für die Überwachung des Signalbuchs heißt es:

Bender mit seinem Hund.

- Liegt die Gefahr vor, daß das Signalbuch in Feindeshand fällt, so ist es über Bord zu werfen oder durch Feuer zu vernichten.

Beim Verfassen dieser Regel hat man nicht an eine solche Lage gedacht, in der sich *Magdeburg* jetzt befindet: in so seichtem, klarem Wasser, daß der Grund gut zu sehen ist. Die restlichen Geheimakten konnten also nur noch durch Feuer vernichtet werden.
Aber in diesem Moment ereignet sich ein neues Mißgeschick – die zu frühe Sprengung und die wilde Verwirrung, bei der eine sichere Vernichtung der restlichen Geheimsachen nicht mehr möglich ist.
Das Kartenmaterial befindet sich in einer stets verschlossenen Schublade des Kartenhauses. In die Gebrauchskarten sind die deutschen Minensperren durch rote Striche eingetragen.

Das Kriegstagebuch, das der Zahlmeister zu führen und dem Kommandanten täglich vorzulegen hat, wird vom Zahlmeister mit seinen Akten in einen Kleidersack getan und dieser dann verschnürt, um später auf *V 26* hinübergebracht zu werden. Der Sack und die Schiffskasse werden zuletzt auf dem Achterdeck gesehen. Als Wache steht dort der Oberverwaltungsschreiber Fiedler.

Noch ehe um 09.10 Uhr die Räumung und Sprengung befohlen werden, meldet Bender dem Ersten Offizier, sämtliche Geheimbücher, ausschließlich der in Gebrauch befindlichen Signalbücher und eines Signalschlüssels, seien im Heizraum ordnungsmäßig verbrannt worden. Was mit den noch in Gebrauch befindlichen Geheimsachen geschehen soll, darüber scheint nicht gesprochen worden zu sein.

Am nächsten Tag schreibt Kapitänleutnant Dolberg in seinem Bericht:

– Alle Geheimbücher sind verbrannt einschließlich Operationsbefehle. Das Signalbuch des Funkraumes ist außenbords gelangt, das Signalbuch der Brücke ist versenkt.

Das Signalbuch der Brücke hat zuletzt der Funkmaat Szillat in den Händen. Als der Befehl erfolgt, es sollen alle außenbords gehen, schleudert er das Buch von seinem Standpunkt, der Außenseite der Backbordschanze aus nach dem Heck zu, wo es etwa fünf Meter vom Schiff entfernt in das Wasser fällt. Er hat ordnungsgemäß gehandelt. Szillat wird gerettet.

Das Signalbuch aus der Funkstation hat zuletzt Funkobermaat Neuhaus. Er wird im Wasser gesehen, aber anscheinend ohne das Buch; er gerät in russische Gefangenschaft.

Den Signalbuchschlüssel aus der Funkstation hält Funkmaat Kiehnert, während er sich bereits außenbords befindet, krampfhaft fest in der Hand. Er wird von nachfolgenden Leuten unter Wasser gestoßen. Als er wieder an die Oberfläche kommt, ist ihm der Schlüssel verlorengegangen. Kiehnert wird gerettet.

Der Sack mit dem Kriegstagebuch und die Kasse werden an Deck vergessen. Der Zahlmeister wird gerettet.

Von den Gebrauchskarten hat einige der Steuermann Jeske bei der Sprengung an sich genommen und springt mit diesen über Bord. Er ertrinkt. Die Russen finden die Karten mit den deutschen Minensperren unter seinem Arm.

Signalmaat Steinthal hat mehrere zusammengefaltete Karten, als er über Bord springt. Gleich darauf fällt ein Mann auf seinen Kopf, und der Signalmaat verliert die Karten. Er wird gerettet.

Alle Mann aus dem Schiff

Schweren Herzens muß Korvettenkapitän Habenicht um neun Uhr den Befehl geben, die Räumung und Sprengung seines neuen, schönen Schiffs vorzubereiten.

Der Erste Offizier, Kapitänleutnant Dolberg, vereinbart mit dem Torpedooffizier, Kapitänleutnant v. Münch, daß nach Räumung des Schiffs die Sprengpatronen im Torpedoraum, die an den scharfen Torpedoköpfen angebracht sind, von einem Mann gezündet werden. Dieser soll dann an Bord des Torpedoboots laufen, und das Boot muß sofort ablegen.

Die Besatzung soll gerade auf das Boot übersteigen, als der Ruf durch das Schiff hallt:

  – Die Sprengpatronen sind auf Befehl des Kommandanten angeschlagen!

Der Befehl ist durch ein Mißverständnis zu früh gegeben worden. Bis zur Explosion dauert es nur 4 $^1/_2$ Minuten.

Es entsteht eine schauderhafte Verwirrung, ein wilder Tumult.

Da der Kommandant nicht zu sehen ist, ruft der Erste Offizier:

  – Alle Mann achteraus! Drei Hurras auf unsere liebe *Magdeburg* und drei Hurras auf seine Majestät den Kaiser!

Und dann:

  – Alle Mann aus dem Schiff! Beide Kutter zu Wasser!

Das Torpedoboot liegt 30 m Backbord achtern. Ihm wird zugerufen, wegen der Sprengung abzulegen, obgleich erst ein Teil der Besatzung übergestiegen ist. Die übrigen sollen das Boot schwimmend erreichen; sie werden von Bord gedrängt.

Der Kommandant hat die Hurras gehört und erscheint an Deck.

  – Ist achtern angeschlagen? fragt er den Torpedomaschinisten.
  – Nein.

Der Kommandant wischt sich mit der Hand Tränen fort.

Kapitänleutnant Dolberg meldet ihm:

Der I. Offizier, Kptlt. Dolberg.

  – Alle Mann haben Schiff geräumt. Wollen Herr Kapitän bitte auf das Boot gehen!
  – Einen Augenblick!

Er geht nach Steuerbordseite und kommt nicht zurück.

Dolberg schwingt sich vom vierten Backbordgeschütz mit einem Manntau des zweiten Kutters auf die Bugklüsen des Torpedoboots, wo er aufgefangen wird. Er bittet den Torpedobootskommandanten, ein Dingi nach Abgabe der Geretteten noch mal an Bord zu senden, um einige Leute vom Schraubenschutz und den Kommandanten zu holen.

Bender springt über Bord und erwischt das Torpedoboot gerade in dem Augenblick, wo *Magdeburg* unter einer gewaltigen Detonation zum großen Teil in die Luft fliegt. Schwere Eisenstücke gehen meist senkrecht hoch, fallen umher, verwunden oder erschlagen viele Leute im Wasser.

Die Brücke, der Mast und der erste Schornstein verschwinden, das Achterschiff senkt sich, das Vorschiff neigt sich 45 Grad nach Backbord.

Da nicht alle richtig schwimmen können, springt Bender vom Torpedoboot ins Wasser, greift glücklicherweise eines der unbeschädigt gebliebenen *Magdeburg*-Boote und fängt an, die um ihr Leben jammernden Leute zu holen. Wie er den letzten der Umherschwimmenden gerettet hat – im ganzen achtzehn Mann — sieht er zu seinem Entsetzen, dass *V 26* schon weit weg ist und dafür zwei russische Kreuzer das Wrack und das Torpedoboot beschießen.

V 26 im Gefecht

Als das Torpedoboot zum dritten Mal die Schlepptrosse wieder an Bord hat, wird von *Magdeburg* gerufen:

– Sofort loswerfen! Längsseits kommen!

Das Anlegen wird jedoch dadurch verhindert, daß ein großer Teil der Besatzung über Bord springt und das Boot schwimmend zu erreichen sucht.

Den Leuten werden Schwimmwesten, Rettungsbojen und sonstige schwimmbare Gegenstände zugeworfen. Außerdem setzt *V 26* Kutter und Dingi aus.

Als auf *Magdeburg* sich wohl noch 150 Mann befinden, wird gerufen:

– Zurückgehen! Das Schiff geht gleich hoch!

Durch diesen Zuruf sieht sich Kapitänleutnant v. Roeder veranlaßt, zur Rettung der noch an Bord befindlichen Besatzung sofort mit dem Bug am Schiff anzulegen, ohne Rücksicht auf etwa 30–40 noch im Wasser befindliche Leute.

In diesem Augenblick detoniert die Sprengladung im Vorschiff.

Nachdem auch Kapitänleutnant Dolberg auf das Torpedoboot gekommen ist, fährt man fort, die Leute aus dem Wasser zu retten. Es ist 09.10 Uhr.

Gleichzeitig wird im Nebel Backbord querab von der *Magdeburg* auf etwa 2000–2500 m Entfernung ein Schiff mit drei Schornsteinen erkannt.

Der Torpedobootskommandant hält es zunächst für *Augsburg,* die zur Hilfeleistung erwartet wird. Andere nehmen an, es sei ein Russe, Kreuzer oder Torpedoboot. Tatsächlich ist es der kleine Kreuzer *Bogatyr.*

– An die Geschütze! ruft v. Roeder.

Als noch ein Vier-Schornstein-Schiff aus dem Nebel auftaucht – Panzerkreuzer *Pallada* – und beide Schiffe nach Form und Farbenanstrich sicher als Russen ausgemacht werden, gibt der Kommandant um 09.15 Uhr den Befehl zum Feueröffnen.

Die Russen erwidern sofort das Feuer. Ein Kreuzer schießt sich schnell ein. Seine Salven liegen deckend auf *V 26.* Das Boot geht mit äußerster Kraft zurück auf den Feind zu, um auf der Stelle über Süd auf

Kleiner Kreuzer *Bogatyr.*

Westkurs zu drehen. Es muß von *Magdeburg* und den Untiefen freikommen und nimmt höchste Fahrt, 30 kn, auf.

Noch während des Drehens befiehlt der Kommandant:

– Rohre klar! Torpedos schießen!

Der Befehl kann nicht sogleich ausgeführt werden. Die Torpedorohre sind von dem Anlegen bei *Magdeburg* her noch eingeschwenkt und wegen der dichtgedrängt stehenden Kreuzerbesatzung kaum zu bewegen. Ferner können die Rohrbedienungsmannschaften nicht an die Rohre herangelangen, und die Leute, die das Schwenken zunächst versuchen, wissen nicht mit den Rohren Bescheid. Weitere Hindernisse sind noch die überall auf dem Boot und außenbords liegenden und hängenden Enden, die zum Übernehmen der Schwimmer gebraucht wurden.

Das Boot steht in einem Hagel von Geschossen. Ein *Magdeburg*-Mann sieht eine russische Granate leichten Kalibers an Deck liegen. Rasch entschlossen schleudert er sie über Bord.

Dem Arzt schlägt ein Splitter gegen das linke Bein, so daß er ausgleitet und über Bord fällt, erwischt aber den Schraubenschutz und hält sich so, während ihm die Wellen über den Kopf gehen, bis er gerettet wird. Dicht pfeifen und heulen die Granaten über das Boot. Eine reißt acht Mann über Bord, eine andere schlägt Steuerbord über der Wasserlinie in die achtere Wachoffizierkammer ein. Sie zertrümmert auch die Offiziermesse und tötet alle bis auf den leitenden Ingenieur der *Magdeburg*, Stabsingenieur Paul Koch. In der Mehrzahl sind die Umgekommenen durch die

Sprengung Schwerverwundete des Kreuzers. Auch der freiwillige Arzt des Torpedoboots, Dr. Molkenbur, stirbt. Außerdem sollte auch der Navigationsoffizier der *Magdeburg*, Kapitänleutnant Reinhold Kunau, von der letzten Unternehmung des Kreuzers nicht zurückkehren. Er und vierzehn andere werden drei Tage später in würdiger Weise in Danzig beerdigt.

Der verhängnisvolle Treffer zerstört im hinteren Turbinenraum die Abdampfleitungen und die Bekleidung des Kondensators. Wegen des ausströmenden Dampfes muß dieser Turbinenraum aufgegeben und die Backbordturbine gestoppt werden. Dadurch wird die Geschwindigkeit auf 23 kn herabgesetzt.

Die Torpedorohre sind inzwischen verwendungsbereit geworden. Der große Dampfverlust zwingt jedoch den Kommandanten zum Verzicht auf einen Torpedoangriff.

Nur die Artillerie führt den ungleichen Kampf gegen die Kreuzer weiter, mehrere Treffer werden beobachtet. Das hintere 88-mm-Geschütz schießt 25 Schuß, das mittlere 30, das vordere 51 Schuß.

Das Gefecht wird auf beiden Seiten bei einer Entfernung von 3 500–4 000 m nach einer Viertelstunde eingestellt. Die russischen Fahrzeuge sind noch lange beim Aufklaren des Nebels auszumachen. Warum sie die Verfolgung aufgeben, ist nicht bekannt.

Kapitänleutnant v. Roeder steuert auf den im voraus bestimmten Sammelplatz zu; er hat *Augsburg* um 10.33 Uhr an Backbord voraus in Sicht. Damit hat er die Rettung des größten Teils der *Magdeburg*-Besatzung durchgeführt.

Zu seiner Ehre wird der kurz vor dem Zweiten Weltkrieg gebaute große Zerstörer *Z 17* auf *Diether von Roeder* getauft.

Die Russen kommen an Bord

Als *Bogatyr* und *Pallada* von der Jagd auf *V 26* zurückkehren, werden sie von den eigenen Torpedobooten für Feinde gehalten. Die Sicht ist stellenweise eingeschränkt, und der Stab hatte doch mitgeteilt, außer den Torpedobooten seien keine russischen Fahrzeuge in See.

Torpedoboot *Burakow* schießt einen Torpedo gegen *Bogatyr,* der es jedoch gelingt, der tödlichen Gefahr im letzten Augenblick auszuweichen. Darauf eröffnet *Pallada* das Feuer auf die Boote. Als der Kreuzer dabei die Breitseite wendet, wird er von den Booten zu ihrem Schrecken als eigener ausgemacht. Sie geben das Erkennungssignal, nach weiteren zwei bis drei Salven wird das Feuer eingestellt.

Der Kommandant der *Bogatyr* teilt dem Kapitän Nepenin mit, das deutsche Schiff schieße nicht mehr – es hatte die Russen tatsächlich gar nicht beschossen – und er bäte ihn, die Lage an Bord aufzuklären. Falls die Deutschen noch schießen würden, so würden die Kreuzer das Feuer erwidern.

Die Torpedoboote nähern sich Odensholm bis auf 1,5 km, ankern und setzen Boote aus.

Von *Burakow* schickt Nepenin den Oberleutnant Hamilton mit einem Signalgast und bewaffneten Rude-

Magdeburg aufgelaufen bei Odensholm, auf estnisch Osmussaar. Vorschiff gesprengt. Rechts Leuchtturm der Insel. Von einem russischen Torpedoboot aus gesehen.

rern zum Schiff. Dort weht noch die deutsche Kriegsflagge. Alle Backbordgeschütze sind ausgeschwenkt
und auf die Torpedoboote gerichtet.
Als Hamilton auf der Jakobsleiter an Bord klettert,
sieht er den Schiffsnamen *Magdeburg*. Also kein Panzerkreuzer.
An Deck erscheinen noch sechs deutsche Matrosen,
waffenlos und mit friedlicher Miene. Hamilton steckt
seinen gezogenen Revolver ein und fragt, ob jemand
irgendeine andere Sprache spräche als Deutsch?
Einer der Deutschen antwortet auf tadellosem Französisch. Er erzählt, das Schiff sei nachts in dickem
Nebel auf die Insel aufgefahren und habe versucht,
loszukommen. Dann sei ein Torpedoboot herangeru-
fen worden, aber es konnte auch nicht helfen. Zu dieser Zeit kamen russische Kreuzer und begannen das
Gefecht. Da es nutzlos war zu kämpfen, nahm das
Torpedoboot 220 Mann mit und fuhr davon. Von der
übrigen Besatzung retteten sich 45 Mann schwimmend
an Land, nur sechs blieben im Schiff.
Hamilton sagt ihm, man solle die deutsche Flagge nie-
derholen und die russische heißen. Mit seinem Signalgast und den deutschen Matrosen geht er achteraus.
Der Signalgast holt die Flagge nieder. Die Leinen sind
so durchnäßt, daß die Flagge erst loszumachen ist,
nachdem ein Deutscher ein Messer zum Abschneiden
der Leine geholt hat. Die weiße Flagge mit blauem
Andreaskreuz geht hoch.
Darauf fordert Hamilton die Deutschen auf, ins Boot
zu gehen.

    – Der Kommandant ist noch an Bord, sagen sie.

Er bittet den Französischsprechenden, ihn zum Kommandanten zu führen. Der russische Oberleutnant
geht zum deutschen Kommandanten und meldet sich
auf Französisch.

Habenicht sagt auf Deutsch, er spräche nicht Französisch.

    – Englisch?
    – Auch nicht.

Hamilton rafft alle seine Deutschkenntnisse zusammen und weist auf *Burakow* hin.

    – Wollen Sie nach Torpedo gehen?

Der Kommandant lächelt traurig. Besonderen
Wunsch hinzugehen habe er nicht, verstehe aber, daß
er dazu gezwungen sei. Er bäte nur, etwas aus seiner
Kajüte holen zu dürfen.

    Sie gehen beide in die Kommandantenkajüte. Me-
chanisch zieht Habenicht die Schublade seines Tisches
heraus und macht sie wieder zu, ohne etwas zu nehmen oder hineinzulegen.

    – Ich bin bereit.

Beim Verlassen der Kajüte nimmt er von der Wand
seinen Dolch und überreicht ihn dem Oberleutnant.
Dieser gibt ihn ihm zurück.

    – Ich bin nicht befugt, den Kommandanten auf
      seinem eigenen Schiff zu entwaffnen. Bitte be-
      halten Sie den Dolch.

Gerührt drückt Habenicht die Hand Hamiltons.
Alle gehen ins Boot. Es wird zu *Burakow* gerudert.

Am Fallreep stehen der Torpedobootskommandant
und Nepenin. Nach einer kurzen Begrüßung, wie es
alte Tradition bei allen Seefahrern ist, überreicht Habenicht seinen Dolch dem Kapitän Nepenin. Der
Kommandant der *Magdeburg* ist in russischer Kriegsgefangenschaft.

Benders Erlebnisse

Trotz des Granatregens der russischen Kreuzer hat Bender mit seinen Geretteten das Glück, nicht getroffen zu werden. Als *V 26* verschwunden ist, strebt er nach der Anlegestelle, die in der Nähe liegt.

Die Leute sind in einem kümmerlichen Zustand. Halbnackt, meist ohne Schuhe, alle total erschöpft. Keiner hat Waffen.

Um sich dem Artilleriefeuer zu entziehen, läuft die Gruppe landeinwärts, bekommt aber bald Infanteriefeuer von vorn und wird von der Grenzwache gefangen. Zu seiner Freude begegnet Bender seinem Burschen, der mit dem Hund im Arm über Bord gesprungen ist und die Insel erreicht hat. Der in Funchal gekaufte kleine Schuhm kann sich beim Wiederfinden seines Herrn vor Freude nicht beruhigen.

Zur Anlegestelle kommt ein Boot der *Rjanyi* und ein Offizier tritt mit den Worten auf Bender zu:

> – Ich beglückwünsche Sie. Für Sie ist der Krieg vorbei, während wir noch weiter jeden Tag unsere Haut zu Markte tragen müssen. Sie werden es bei uns gut haben.

Bender entgegnet kalt:

> – Ihre Auffassung kann ich nicht teilen.

Dabei dreht er dem Russen den Rücken zu. Dieser nimmt es jedoch nicht weiter übel, sondern bittet den deutschen Seeoffizier höflich, ihm ins Boot zu folgen. Auf der *Burakow* führt er Bender in die Messe und läßt ihm Portwein und Zigaretten vorsetzen.

Da Bender noch vollkommen durchnäßt ist und gesehen hat, daß der Teil der *Magdeburg,* wo seine Kammer liegt, nicht zerstört ist, fragt er, ob er noch einmal hinüberfahren könnte, um trockene Sachen zu holen. Dies wird ihm gestattet, und wie er mit dem ihn begleitenden Offizier gerade vom Torpedoboot ablegen will, bringt ihm ein Matrose einen Mantel des russischen Kommandanten, damit er sich nicht erkältet.

Lange bleibt Bender auf dem Torpedoboot nicht allein. In die Messe kommt der Oberleutnant zur See Paul Neumann von *V 26*, der ebenfalls bei Rettungsarbeiten zurückgeblieben ist. Sogar Benders Hündchen ist plötzlich da und wird mit großer Sorgfalt betraut.

Als dritter Offizier erscheint Korvettenkapitän Habenicht. Das Wiedersehen ist tragisch.

Walther Bender von *Magdeburg* und Paul Neumann von *V 26*. Das Gefangenenlager in Sibirien.

> – Ich habe leider vergebens auf eine gnädige Granate gewartet.

Unter den insgesamt 57 Deutschen, die auf Odensholm in russische Kriegsgefangenschaft geraten, sind die Deckoffiziere Alfred Schmidt, Friedrich Kannenberg, Heinrich Betge und die Obermaate Willi Rechenbach, Erich Egedi, Georg Rennstiel, Otto Fiedler und Willi Neuhaus.

Von Tallinn geht der Gefangenentransport mit der Bahn nach Petersburg. In der Peter-Pauls-Festung wird zunächst Halt gemacht.

Am Bahnhof sträubt sich Schühmchen gegen die Leine und bekommt einen Klaps. Der Fall wird der Kaiserin als Mißhandlung berichtet. Infolgedessen wird

Das Gefangenenlager Rjetschka bei Chabarowsk, Sibirien.

Als eine Schwester der deutsch-österr.-ung.-dänischen Kommission im Oktober 1916 das Lager besucht hat, erhält Benders Mutter Anna die Wünsche des Sohnes: Französische Sprachbriefe, moderne Romane, Tennisjacke, Pakete, nur Karten schreiben, möglichst täglich mehrere. Selbst gesund. Hoffe dasselbe von Euch. Sende allen herzliche Grüße.

Bender auf Befehl ihrer Majestät von seinem Hund getrennt. Er erhält eine Quittung und das Versprechen, ihn vom Tierschutzverein nach dem Krieg zurückzubekommen. Die Trennung von dem lieben, kleinen Freund ist schwer.

Nach einer Woche in der Festung wird die unfreiwillige Reise nach Ostsibirien mit dem Endziel Chabarowsk angetreten.

Hier, nicht weit vom Stillen Ozean und der chinesischen Grenze, gelingt es Habenicht, nach China zu fliehen. Er wird aber mit Gewalt von den Russen auf chinesischem Boden ergriffen und zurückgebracht, wie er in Geheimschrift seiner Frau auf einer Karte mitteilt.

Erst die Frühjahrsrevolution 1917 bringt den Gefangenen allerhand Erleichterungen. Neue Fluchtpläne werden geschmiedet.

Nach vielen Schwierigkeiten und Abenteuern trifft Bender am 11. Juni 1918 in Berlin ein. Am Bahnhof

von seiner Braut empfangen ist er »unbeschreiblich glücklich über das Wiedersehen nach den langen Jahren«. Am gleichen Tag reisen sie beide weiter nach Kiel, wo Bender sich zurückmeldet.

Hier gibt es auch ein Wiedersehen mit dem ehemaligen Kommandanten, der bei seiner neuen Flucht besseres Glück gehabt hat und im Frühjahr nach Hause gekommen ist. Er und seine Frau tun für das junge Paar alles, um die ersten Tage des Zusammenseins so schön wie möglich zu gestalten.

Nach der Hochzeit in Erfurt tritt Bender seinen neuen Dienst als Adjutant bei der Matrosendivision in Kiel an. Er wird zum Kapitänleutnant befördert und mit dem Eisernen Kreuz für seine Haltung bei Odensholm ausgezeichnet.

Habenicht bleibt die ersten Monate nach seiner Rückkehr in Kiel zur Verfügung der Marinestation, arbeitet dann im Torpedoressort der Werft in Danzig. Im September 1919 wird er als Kapitän zur See entlassen.

Befehlshaber der Ostseemarine bei Odensholm

Am Tag der Havarie kommen nach Odensholm noch die Kreuzer *Rossija* und *Oleg*, eine Halbflottille Torpedoboote aus Lappohja und zuletzt der größte Panzerkreuzer *Rjurik* mit dem Befehlshaber der Ostseemarine, Vizeadmiral v. Essen, an Bord.

Er geht auf *Magdeburg*, ebenso der Chef der Operationsabteilung und der leitende Ingenieur des Stabs und Offiziere der Aufklärung und Abwehr. Der neue deutsche Kreuzer soll genau untersucht und studiert werden.

Bogatyr und *Pallada* sollen das Havariegebiet überwachen. Innerhalb von zehn Kilometern dürfen keine unbefugten Fahrzeuge kommen. Bei der Sucharbeit soll größte Vorsicht beachtet werden. Was gefunden wird, soll geheim gehalten werden.

Vizeadmiral v. Essen, der perfekt deutsch spricht, vernimmt persönlich deutsche Kriegsgefangene. Von seinen Gesprächen mit ihnen stehen nur Benders Aufzeichnungen zur Verfügung.

– Sie sind Adjutant auf *Magdeburg* gewesen. Also können Sie mir sagen, welche deutschen Seestreitkräfte in der Ostsee stehen.

– Darüber kann ich keine Auskunft gegen.
– Diese Antwort hatte ich von Ihnen erwartet.
– Da hätten Sie, Herr Admiral, mich gar nicht zu fragen brauchen.
– Es war meine Pflicht zu fragen.

Pause.

– Kann ich irgend etwas für Sie tun?
– Bitte benachrichtigen Sie meine Angehörigen von meinem Schicksal.
– Das ist selbstverständliche Ritterpflicht. Nein, ich meine, ob ich Ihnen einen besonderen Gefallen tun kann?
– Ja, in meiner Kammer ist mein großes Fotoalbum mit den Bildern von meinem ersten Marinetag an und meinen Reisen zurückgeblieben. Bitte stellen Sie es mir zu.
– Wenn es noch da ist, sollen Sie es haben.

Wenige Tage später wird das Album im Auftrag des Admirals dem Besitzer gebracht.

Der Admiral und der Kommandant des Torpedoboots *Burakow* bleiben in Benders Gedächtnis in den langen schweren Gefangenschaftsjahren in Rußland als einzige Ritter aus alten zivilisierten Zeiten.

Panzerkreuzer *Rjurik*.

Magdeburg als russisches Arbeitsfeld

Unter den Fahrzeugen, die bei Odensholm Dienst tun, spielt das 40jährige Schulschiff *Afrika*, 2600 t, eine zentrale Rolle. Es ist bei Kriegsanfang zum Tauchermutterschiff umgewandelt worden, hat drei Taucherboote und 60 Taucher, Kommandant Kapitän zur See M. K. Schultz, Chef der Taucherschule in Kronstadt. Die Taucher haben starke elektrische Lampen, sie sehen buchstäblich den Grund bis zu zehn Metern von *Magdeburg*, beim Vorschiff wegen der Sprengung sogar noch weiter. Das Wetter ist ruhig, auf den Steinen nur wenig Schlamm.

Gleichzeitig werden die Innenräume des Schiffs genau untersucht. Alle gefundenen Akten werden in der Kommandantenkajüte der *Bogatyr* gesammelt und gewissenhaft sortiert.

Nur ein kleiner Kreis erfährt von dieser Arbeit, und allen, die nach Odensholm kommen, wird im voraus erklärt, der deutsche Kreuzer habe ungeheure Gold- und Geldreichtümer. Tatsächlich wird auch die Schiffskasse in Verwahr genommen, aber wie man auch zählt, ein größerer »Schatz« als 4977 Mark und 73 Pfennig ist nicht vorhanden.

Um die wertvollsten Funde zu verheimlichen, wird von der Marineleitung ein geheimer Tagesbefehl ausgegeben, in dem die schlecht angeordnete Sucharbeit getadelt wird, die es nicht geschafft hat, irgendwelche Geheimdokumente zu finden. Freilich sei es möglich, daß sie alle bei der Sprengung vernichtet seien. Die Marineabwehr sorgt dafür, daß dieser Geheimbefehl in deutsche Hand fällt.

Nach Tallinn, Kronstadt und Petrograd werden auf Prahmen vielseitige Lasten geführt, unter ihnen zwei Entfernungsmesser, Scheinwerfer, Geschütze, Granaten, Maschinengewehre, Gewehre, Patronen, Maschinenteile, Möbel. Je zwei der 105-mm-Geschütze werden auf den Kanonenbooten *Koptschik* und *Pioner, ex Korschun,* je 450t, aufgestellt, die in Helsinki, Hietalahti, 1916 gebaut werden.

Die Geheimsachen werden in einem Stahlkasten auf das Torpedoboot *Rjanyj* gebracht. Der Kommandant, Oberleutnant Ryžej, überläßt hierfür seine Kajüte. Die Tür wird dauernd von zwei Offizieren bewacht. Der Oberleutnant hat vom Kommandanten der *Bogatyr*, Kapitän zur See Krinitskij, die strengen Worte gehört:

> – Vergessen Sie nicht, daß Sie mit Ihrem Kopf für die Sicherheit allen auf *Magdeburg* gefundenen Goldes haften.

Und *Rjanyj* fährt mit dem Schatz nicht allein, sondern wird vom Torpedoboot *Porażajuschtschij* geleitet.

Im Frühjahr 1915 werden die Arbeiten mit vermehrten Kräften fortgesetzt. Noch mehr Taucher, noch mehr Fahrzeuge – *Karin, Libawa, Silatsch, Ervi,* alle mit starken Kränen.

Als auch in diesem Jahr die wiederholten Versuche, das erleichterte deutsche Schiff von den Steinen loszuziehen, erfolglos bleiben, wird der Entschluß gefaßt, es zu sprengen.

Am 9. Oktober 1915 explodieren am Rumpf die von Tauchern angebrachten Sprengladungen.

Der Kleine Kreuzer *Magdeburg* existiert nicht mehr. Die Wogen des Finnischen Meerbusens kehren seine letzten Reste auf die Steine bei Odensholm.

Die Wogen sparen aber noch Erinnerungen an das tägliche Bordleben der vergangenen Zeit auf. Bei Riguldi werden Matrosenmützen und ein kleiner Holzschrein an Land getrieben.

Museumsbesucher lesen die Namen der Mützenbesitzer – Heuer, Pauls, Leiden, Ronspeck – deren Tage und Nächte abwechselnd Dienst und Freiwache waren. Der Matrose Ricken brauchte den Inhalt seines Schreins – zwei Bürsten, Nadeln, Fäden und Fingerhut – für persönliche Beschäftigungen an Bord, die zu Hause seine Mutter oder Frau zu erledigen pflegte.

Ende der vierten Unternehmung

Nach ein Uhr nachts erhält Behring mehrere Mitteilungen der *Magdeburg* über die Katastophe. Er selbst wäre mit *Augsburg* der erste stärkere Helfer, aber aus navigatorischen Gründen ist eine sofortige Fahrt zur Unfallstelle unmöglich. Der Nebel ist immer noch dick, und es gibt in den letzten 24 Stunden keine Landpeilung. Er macht daher kehrt und ankert um 5 Uhr SW Russarö, um das Aufklaren abzuwarten.

Der Admiral erwägt, den alten Kleinen Kreuzer *Amazone* mit *U 3* zum Schutz des gestrandeten Schiffs heranzuziehen, jedoch wäre hierzu nötig, daß der Helfer selbst ein sicheres Besteck hätte. Weil das aber fehlt, bleibt die Hilfeleistung aus.

Dem OdO gelingt es, von Kiel aus am Vormittag zehn Schiffe und drei Torpedoboote in Marsch zu setzen, obgleich er einsieht, daß *Magdeburg* kaum noch gerettet werden kann. Er will dennoch den Russen zeigen, daß die Offensivunternehmungen auch nach dem Schiffsverlust fortgesetzt werden. Es ist das aus den veralteten Linienschiffen der *Braunschweig*- und *Wittelsbach*-Klassen bestehende IV. Geschwader, das von der Mobilmachung her noch zur Ausbildung in Kiel liegt, dazu die Panzerkreuzer *Roon* und *Prinz Adalbert* sowie drei Torpedoboote.

Als gegen Abend die Nachricht von der Sprengung des Havaristen eintritt und ein Abschleppen damit hinfällig wird, werden alle diese Streitkräfte auf Befehl des Kaisers zurückgezogen. Eine reine Demonstration lohnt sich nicht, sie könnte durch russische Minen und U-Boote noch mehr Opfer kosten.

Nach einer Stunde vor Russarö klart es soweit auf, daß Behring in einem großen Bogen westwärts Dagö ansteuert und endlich um neun Uhr durch Anloten einer Rinne bei Tachkona seinen Standort einwandfrei kontrollieren kann.

Dann läuft *Augsburg* mit äußerster Kraft auf Odensholm zu. In der Ferne wird Donnern gehört. Es läßt sich nicht feststellen, ob es sich um Gewitter oder Schießen handelt. Plötzlich bricht ein starkes Gewitter mit Regen aus. Darauf klart es auf. Zeitweise sieht man sogar die Sonne.

Nach zehn Uhr kommt *V 26* in Sicht und setzt das Signal:

- War im Gefecht mit feindlichen Kreuzern. Bin havariert.

Das Boot kommt längsseits zur Ausschiffung der *Magdeburg*-Besatzung. Das Bild des überfüllten Fahrzeuges und der Verwundeten und Toten ist schmerzlich. Das ist alles, was von dem unglücklichen Kreuzer übriggeblieben ist: 250 Unverwundete und 17 Verwundete. Die Kampfchronik der Russischen Flotte gibt 35 Gefallene der *Magdeburg* und *V 26* an.

Da wird eine Rauchfahne mit drei Torpedobooten gemeldet. *V 26* muß loswerfen und das Flaggschiff eilt mit höchster Geschwindigkeit auf die Fremden zu. Die Jagd bleibt aber nur kurz, denn die Russen verschwinden schnell.

Mit dem Torpedoboot im Schlepp läuft *Augsburg*, gefolgt von *V 186*, mit Westkurs ab. Zu ihnen stößt *Amazone* mit *U 3* im Schlepp. Damit ist der Verband gesammelt.

Für die *Magdeburg*-Leute gibt es nochmals ein Übersteigen. Die *Amazone* bringt sie nach Neufahrwasser.

Konteradmiral Behring gehört zu den Männern, die sich durch Mißgeschicke nicht zur Aufgabe eines Vorhabens verleiten lassen.

- Wir haben die *Magdeburg* verloren, eröffnet er die Kommandantensitzung, auf der er seine weiteren Pläne entwickelt.

- Das soll uns nicht verhindern, vertrauensvoll in die Zukunft zu blicken.

Das Schicksal des verlorenen Kreuzers mit vielen braven Leuten ist ihm zwar ans Herz gegangen. Trägt er doch selbst zu einem gewissen Grad die Schuld daran. Hätte er dennoch nicht das Besteck bei Bogskär kontrollieren müssen? Und das Eindringen in den Meerbusen im dicken Nebel hinausschieben?

Nun, was geschehen ist, das ist geschehen. Vielleicht könnte ein Erfolg bei der Fortsetzung der Unternehmung den Verlust aufwiegen?

Der Admiral beabsichtigt, gegen Morgen des 27. August wieder in den Meerbusen einzudringen, falls die Sicht gut ist. Bei Nebel oder sonst unsichtigem Wetter fällt die Unternehmung aus.

Seine hauptsächliche Erfolgserwartung bezieht sich auf das U-Boot *U 3*, Kapitänleutnant Max Valentiner. Die übrigen Fahrzeuge, *Augsburg*, Kapitän zur See Fischer, *V 25*, Kapitänleutnant Wieting, und *V 186*, Kapitänleutnant Ehrhardt, sollen bloß dazu beitragen, die Russen vor die Torpedorohre des U-Boots zu locken. Dieses soll bis zur Höhe von Bengtskär von *Augsburg* geschleppt werden und dann im Abstand von 4 sm mit eigener Kraft folgen.

Nachts wirft eine unerwartete Verzögerung den Zeitplan um. Der Schlippschäkel des U-Boots bricht, seine Rudermaschine versagt, die Besatzung ist am Ende ihrer Kräfte. Das Boot kommt längsseit. Die Besatzung soll sich auf dem Flaggschiff erholen, während sein technisches Personal die Pannen beseitigt.

Am Morgen ist der Verband erst in Höhe von Bogskär und nimmt Kurs auf den Meerbusen. Der Nebel weicht aus, ein klarer Tag mit guter Sicht bricht an.

Nachmittags werden zwei Torpedoboote und zahlreiche kleine Minensucher ausgemacht. Diese arbeiten an der deutschen Sperre. Später wird bekannt, daß dabei der Minensucher *Prowodnik*, 150 t, auf eine Mine läuft und mit elf Mann untergeht.

Augsburg beschießt sie zwanzig Minuten lang, muß dann aber abdrehen, als im Norden zwei Panzerkreuzer der *Pallada*-Klasse mit Südkurs in Sicht kommen. Mit hoher Fahrt wollen sie – *Bajan* und *Admiral Makarow* – den Deutschen den Weg nach Westen abschneiden.

V 25 folgt im Kielwasser der *Augsburg*, *V 186* ist zur Sicherung vor den Eingang des Moonsundes entsandt.

Auf zwölf Kilometer Entfernung macht Behring kehrt, steuert auf die Kreuzer zu und eröffnet das Feuer. Mit den kleinen 105-mm-Geschützen ist der Gegner kaum zu erreichen, aber *Augsburg* selbst wird von den größeren Granaten eingedeckt. Mächtige Wassersäulen steigen rings um den Kleinen Kreuzer hoch, Splitter regnen auf das Deck. Eine Granate schlägt unmittelbar neben *V 25* ein, so daß Sprengstücke dicht über die Brücke sausen.

Nach 17 Minuten drehen die Panzerkreuzer kurz ab. Wahrscheinlich haben sie das U-Boot gesichtet, das während seines Anlaufs mehrere Male zu sehen war. Behring probiert eine List. Er gibt auf der Brücke den Befehl:

– Hart Steuerbord! Dampf abblasen! Ich markiere Ruderstörung!

Das Schiff stoppt und gibt den Eindruck, schwer havariert zu sein.

Die Russen beißen tatsächlich an, drehen zurück und eröffnen wieder ein lebhaftes Feuer. Das Gefecht wird eine halbe Stunde fortgesetzt.

Sehnlichst wartet man auf einen Torpedotreffer beim Feind, aber er bleibt aus. Kapitänleutnant Valentiner macht sein Bestes. Das Boot ist aber zu unmodern, reif für das Museum. Mit dem modernen Boot *U 38*

Panzerkreuzer *Pallada*.

U 26 versenkt mit einem Torpedotreffer *Pallada* vor dem Finnischen Meerbusen.

erweist sich Valentiner später als einen der erfolgreichsten deutschen U-Bootkommandanten, er wird Ritter des Ordens Pour le mérite.

Nachdem die Russen sich im Norden zurückgezogen haben, überlegt Behring noch, *V 25* nachts anzusetzen. Wegen der Minengefahr verzichtet er jedoch darauf und läuft am 29. in Neufahrwasser ein. Damit ist die sechstägige vierte Unternehmung abgeschlossen. Trotz rücksichtslosen Draufgehens und zähen Beharrens ist sie erfolglos ausgeklungen.

Der Verlust der *Magdeburg* wiegt um so mehr, als gleichzeitig, am 28. August, drei weitere Kleine Kreuzer – *Köln, Mainz* und *Ariadne* nebst dem Torpedoboot *V 187* – einem starken britischen Überfall unter Teilnahme von Schlachtkreuzern auf die Vorpostenlinie in der Deutschen Bucht zum Opfer fallen.

Einen Trost darf Behring sechs Wochen später vor dem Finnischen Meerbusen buchen, als er dort mit *Augsburg, Lübeck, U 23* und *U 26* nach den Russen fahndet.

Eine Riesenwolke am Himmel erweist den Erfolg von *U 26*, Kapitänleutnant Freiherr v. Berckheim. Dieser sieht die Panzerkreuzer *Pallada* und *Bajan* mit östlichem Kurs, Fahrt 15 kn, auf dem Rückweg vom Vorposten und schießt auf 500 m Entfernung einen Torpedo gegen das erste Schiff. Treffer Mitte, wahrscheinlich in der Munitionskammer. Masten und die vier Schornsteine fallen zusammen. In zwei Minuten verschwindet das Schiff. Nur das geweihte Bild des Schiffsheiligen ist das einzige, was von dem fast 8 000 t großen Panzerkreuzer übrig bleibt.

– Der Untergang der *Pallada*, schreibt die offizielle russische Seekriegsgeschichte, machte auf die Marineleitung einen starken Eindruck.

Entscheidungen des Kriegsgerichts

Geheimsachen

Bevor *Amazone* und *V 26* von Behring entlassen werden, hat er sich ein Bild von den Ereignissen auf *Magdeburg* gebildet und meldet es kurz nach Kiel. Dabei sagt er:

- Bei Vernichtung Geheimsammlung *Magdeburg* Kriegssignalbuchschlüssel nicht mit Sicherheit vernichtet.

Zwar werden im Admiralstab von dem etwaigen Verlust des Signalbuches keine bedenklichen Folgen befürchtet, aber Neudruck und Verteilung eines neuen Schlüssels wird dennoch angeordnet. Das recht einfache Überschlüsselungssystem Cäsar wird beibehalten. Auch im Flottenkommando teilt man den Glauben an die Sicherheit der verschlüsselten Funksprüche. Das Signalbuch mit seiner Überschlüsselung bleibt die hauptsächliche Grundlage des Funkverkehrs sogar nach den genauen kriegsgerichtlichen Untersuchungen, die nach dem Eintreffen der *Magdeburg*-Besatzung in Kiel vorgenommen werden.
Bereits die Voruntersuchung ergibt, daß Geheimsachen in feindliche Hände gefallen sein können. Dies verursacht neue Bestimmungen und strengere Kontrolle bei Gebrauch und Vernichtung.
Die Russen halten es lange geheim, ob sie Geheimdokumente der *Magdeburg* gefunden haben. Das Kriegsgericht in Kiel kann sich daher nur danach richten, was die Geretteten aussagen; es kommt am 11. Januar 1915 zur Verfügung:

- Das Ermittlungsverfahren wird, soweit die Beseitigung der Geheimbücher und Karten auf SMS *Magdeburg* in Frage kommt, eingestellt, weil die Beseitigung, wenn sie auch nicht bezüglich aller Geheimsachen genau nach Vorschrift erfolgt ist, jedenfalls auf eine durch die Lage des Falls gebotene Weise geschehen ist und deshalb keinem ein Verschulden zur Last gelegt werden kann.

Strandung

- Der Kommandant kann mit der Annahme gerechnet haben, Odensholm, das keine vorgelagerten Untiefen hat und dem man sich unter normalen Verhältnissen sehr dicht nähern kann, zu sehen, wenn er sehr dicht heran ging. Er konnte dann damit rechnen, sich einen navigatorisch sicheren Punkt zu verschaffen. Wenn gerade in diesem Augenblick der Nebel sehr dick wurde, statt aufzuklaren, so ist dieser Umstand, der zum Auflaufen der *Magdeburg* führte, als ein mit Sicherheit nicht vorauszusehender und daher vom Kommandanten auch nicht zu vertretender Zufall anzusehen.

Dazu treten noch folgende, den Kommandanten entlastende Gesichtspunkte:
Der Funkspruch über die Kursänderung von *Augsburg* ist der *Magdeburg* verspätet zugegangen. Wenn nun auch nicht anzunehmen ist, daß der Kommandant sich noch von *Augsburg* geführt glaubte, da er den Führer seit über einer Stunde nicht mehr gesehen haben kann, so war doch die Gefahr vorhanden, daß durch eine zu frühzeitige Kursänderung *Magdeburg* in eine zu große Nähe von *Augsburg* gebracht werden könnte, falls *Augsburg* nicht vor *Magdeburg* fahren sollte.
Auch das Fehlen der Mittelturbine endlich und die damit zusammenhängende Ungenauigkeit der Fahrttabellen hat die Navigierung der *Magdeburg* außerordentlich erschwert.
Auch daß der Kommandant die Unternehmung ohne Befehl hierzu, selbst als der Nebel sehr dick wurde, nicht aufgab, kann ihm nach dem erhaltenen Operationsplan nicht zum Vorwurf gemacht werden.
Wenn man alle diese den Kommandanten entlastenden Gesichtspunkte zusammenfaßt, dann muß man ihn, da es sich um eine kriegerische, nicht mit dem Maßstabe einer in Friedenszeiten durchzuführenden Aufgabe zu bemessende, besonders schwierige Unternehmung handelte - - entgegen dem Gutachten des Sachverständigen - von einem vertretbaren Verschulden freisprechen.

gez. Tolki
Marine-Hilfs-Kriegsgerichtsrat

Der Oberbefehlshaber der Ostseestreitkräfte ist mit beiden Aussprüchen einverstanden, also auch betreffs der Strandung, obgleich das Kriegsgericht und der Sachverständige zu verschiedenen Schlußfolgerungen gelangt sind.

Der Ostseekrieg geht weiter

Nach dem Totalverlust der *Pallada* ist das russische Oberkommando noch vorsichtiger als bisher. Admiral v. Essens Antrag zu Operationen gegen deutsche Küstenpunkte wird abgelehnt. Er muß sich daher auf die Minen- und U-Bootwaffen umstellen. Ihre Tätigkeit wird unter Teilnahme britischer U-Boote bis zum Kriegsende intensiv fortgesetzt.

Allmählich treten auf beiden Seiten mehr Überwasserstreitkräfte auf, unter ihnen Ende 1914 die vier russischen Dreadnoughts. Die Flottenleitung bleibt dennoch passiv.

Weil auch die britische große Flotte hauptsächlich in Häfen liegt, werden Teile der Hochseeflotte für die Ostsee frei.

Im August 1915 wird eine starke deutsche Demonstration im Rigabusen ausgeführt, um das Vordringen des Heeres in Kurland zu unterstützen und die russische Flotte aus dem Finnenbusen herauszulocken. Vizeadmiral Hipper befindet sich mit den Schlachtkreuzern *Seydlitz, Moltke* und *Von der Tann,* vier Dreadnoughts der *Nassau*- und vier der *Helgoland*-Klassen, fünf Kleinen Kreuzern und 32 Torpedobooten im nordwestlichen Teil der Ostsee. Er wartet aber vergebens auf die Russen.

Ende Mai 1916 passiert etwas, was die Lust der Russen, sich mit der Hochseeflotte zu messen, noch mehr herabsetzt: die Schlacht mit der Grand Fleet vor dem Skagerrak. Die unerwartet große Stärke der deutschen Dreadnoughts wird überzeugend erwiesen.

Im Oktober 1917 werden die stärksten deutschen Linienschiffsgeschwader bei der Einnahme von Ösel, Dagö und Moon eingesetzt, ohne daß sich die Grand

Russisches Dreadnought-Linienschiff *Gangut,* späterer Name *Oktjabrskaja Rewoljutsija.* Schwesterschiffe *Petropawlowsk, Sewastopol* und *Poltawa.* Diese vier neuen Großkampfschiffe mit zwölf 305-mm-Geschützen und guter Geschwindigkeit sind allen deutschen Ostseestreitkräften überlegen. Die aktive deutsche Kriegführung und die Fernwirkung der Hochseeflotte halten sie jedoch meistens im Finnischen Meerbusen.

Britische U-Boote im Ostseekrieg. Die ersten britischen U-Boote kommen im Oktober 1914 in die Ostsee. Sie gehören zur neuen E-Klasse von 660 t: *E 1* und *E 9.* Ein Jahr später folgen *E 8, E 18* und *E 19.* Ihr Hauptliegehafen ist Tallinn. Noch später kommen vier Boote der älteren C-Klasse von 290 t: *C 26, C 27, C 32* und *C 35,* Hauptliegehafen Hanko.
Von diesen neuen Booten geht *E 18* 1916 durch Minentreffer in der Ostsee verloren. *C 32* läuft 1917 im Rigaschen Meerbusen auf und wird gesprengt.
Die übrigen sieben Boote *E 1, E 8, E 9, E 19, C 26, C 27* und *C 35* werden kurz vor dem Eintreffen des Verbandes Meurer im April 1918 vor Helsinki gesprengt.

Fleet rührte. In der Verteidigung im Moonsund beteiligen sich die russischen Linienschiffe *Slawa* und *Graždanin* (früher *Tsesarewitsch*), zwölf Zerstörer der *Nowik*-Klasse und die britischen U-Boote *C 26, C 27, C 32. Slawa* wird durch das Feuer der *König* unbrauchbar, die Briten verlieren *C 32.*

Zu dieser Zeit haben Disziplin und Kampfgeist auf den russischen Schiffen infolge der Märzrevolution nachgelassen, sie verschwinden nach der kommunistischen Oktoberrevolution gänzlich. Offiziere werden ermordet, Matrosen gehen nach Hause.

Finnland

– Alle meine Entschlüsse – sagt Ludendorff nach dem Krieg – habe ich mit dem Kopf gefaßt, den Entschluß, Finnland zu helfen, mit dem Kopf und dem Herzen.

Zu den Entschlüssen des Generals gehört sein persönlicher Befehl im Oktober 1917, eine Waffenlast für die finnische Freiheitsbewegung nach dem Bottnischen Meerbusen zu überführen. Für diese Aufgabe wird der ehemalige britische Dampfer *Equity* gewählt, Kommandant Oberleutnant zur See Gustav Pezold. Den Operationsbefehl unterschreibt Prinz Heinrich.
Die Unternehmung ist schwierig und gefahrenvoll, denn Finnland ist von russischen Truppen besetzt, und die Last muß in dunklen Nächten auf einsame Inseln in navigatorisch komplizierten Gewässern ohne Hilfe von Häfen gelöscht werden.
In Danzig-Neufahrwasser kommen auch neun Finnen an Bord: der Schärenlotse Karl Rönnholm und acht

Linienschiff *Slawa* als Wrack im Moonsund, Oktober 1917. Vom Feuer des Linienschiffs *König* beschädigt, von den Russen selbst torpediert.

Linienschiff *König,* Stapellauf 1913, 25 800 t, 10 305- und 14 150-mm-Geschütze, 20 kn.

Mann des Königlich-Preußischen Jägerbataillons 27. Zum dänischen Frachter *Adolph Andersen* getarnt, die ganze Besatzung zivilgekleidet, marschiert das Schiff vier Tage nach Norden, weicht russischen Wachfahrzeugen geschickt aus und kommt pünktlich am 31. Oktober 1917 spätabends zur ersten Löschungsstelle Västerö, nordöstlich Vaasa. Hier warten Empfänger mit ihren Motorbooten, und in fliegendem Tempo werden 80 t Kampfmittel an Land gebracht. Vor Morgengrauen verschwindet der Dampfer zur schwedischen Seite des Meerbusens und kommt abends zu einer anderen Insel, Tolvmansgrund, nördlich Pietarsaari, wo der Rest, 70 t, gelöscht und sorgfältig verdeckt wird.

Linienschiff *Rheinland* im Kielwasser des Flaggschiffs *Westfalen* in minengefährlichen Gewässern im Eis unterwegs nach Åland. Am 5. März 1918 kommen sie – zur unangenehmen Überraschung der schwedischen Infanterie und der Panzerschiffe *Sverige* und *Oscar II.* – in Eckerö an und setzen am nächsten Tag das 14. Jägerbataillon an Land.
Nachdem *Rheinland* am 11. April vom Kreuzer *Kolberg* abgelöst ist, um an den Kämpfen in Helsinki teilzunehmen, läuft sie mit 15 kn im Nebel bei Lågskär auf und fällt für weitere Kriegsverwendung aus. Erst als alle Geschütze und viele Panzerplatten entfernt sind, kann das Schiff im Juli abgeschleppt werden.

Mit der Last der *Equity* kann General Mannerheim Ende Januar 1918 den Freiheitskrieg einleiten und mit neuen großen Waffensendungen aus Danzig erfolgreich weiterführen. Die 1 900 von den Deutschen gut ausgebildeten finnischen Jäger des Jägerbataillons 27 haben am Erfolg einen wichtigen Anteil.

Als die deutsch-russischen Friedensverhandlungen im Februar 1918 ergebnislos abgebrochen werden, fällt die Entscheidung, den finnischen Freiheitskrieg auch mit See- und Landstreitkräften zu unterstützen.
Die Flotte soll einen Stützpunkt auf Åland schaffen, eine Heeresdivision nach Finnland überführen und an den Operationen in Finnland teilnehmen.
Hierfür wird ein Sonderverband gebildet, Befehlshaber Konteradmiral Hugo Meurer. Sehr gegen den Willen des Hochseekommandos muß dieses drei Dreadnoughts, *Westfalen*, *Rheinland* und *Posen,* den Kleinen Kreuzer *Kolberg,* Minensucher, Sperrbrecher und andere Fahrzeuge abgeben. Im ganzen werden in den Verband über 170 Fahrzeuge eingehen.
Der deutsche Stützpunkt in Eckerö, Åland, ist den Schweden ein ungemütlicher Dorn im Auge, denn sie selbst möchten die finnische Inselgruppe besitzen, und gegen die Division nach Finnland werden in Berlin, besonders im Auswärtigen Amt, erregte Stimmen erhoben, weil am 3. März in Brest-Litowsk der Frieden geschlossen ist. Daß die Transportflotte jedoch endlich in See geht, muß wohl hauptsächlich auf Ludendorffs Konto gebucht werden.

Als die Linienschiffe und Transporter am 3. April die Küstenbefertigungen passiert haben und in Hanko eingelaufen sind, schickt die in Helsinki liegende Ostseeflotte eine Kommission, um sich zu versichern, daß von der deutschen Flotte keine Gefahr zu erwarten sei.
Im Laufe der Verhandlungen, die von Meurers 1. Admiralstabsoffizier, Kapitänleutnant Leisler Kiep, geführt werden, erklären die Russen, ihr Hauptziel sei, die Flotte unversehrt zu erhalten und sie entsprechend dem Friedensvertrag nach Kronstadt zu überführen. Mit den finnischen Roten wolle die Flotte nichts gemein haben. Die Küstenbefertigungen von Helsinki seien nicht besetzt, die Geschützverschlüsse (durch Maßnahmen der Weißen, unterstützt von den Polen) seien abgegeben. In der Einfahrt lägen keine Minen. In Helsinki befänden sich vier englische U-Boote mit einer Besatzung von zwei Offizieren und fünfundzwanzig Mann. Sie seien jedoch nicht fahrbereit. Die

Unter dem Schutz der Großkampfschiffe *Westfalen* und *Posen,* ohne Widerstand von russischen Küstenbatterien oder Infanterie, läuft die deutsche Transportflotte mit 10 000 Mann und 3 500 Pferden an Bord am 3. April in Hanko ein. Die Russen sprengen im Hafen vier U-Boote und ihren Versorger. Am Kai der erste Transporter *Bahia Castillo* mit Generalmajor von der Goltz und Stab. Die Ostseedivision stößt unverzüglich kämpfend in Richtung Helsinki vor.

Der Tatkraft des Admirals Meurer, schreibt Scheer, gelang es, alle Hemmungen, die in den Eisverhältnissen und in der an sich schwierigen Navigation in den klippenreichen Gewässern lagen, zu überwinden, und die Marine hat es als eine besonders schöne und erhebende Aufgabe angesehen, dem Seefahrervolk der Finnen rechtzeitig Hilfe bringen zu können.

Kommission könne garantieren, daß von ihnen keine Feindlichkeiten erfolgen würden.

Die Ankunft des Sonderverbandes in Helsinki – neun Tage später – geht reibungslos vor sich.

Die deutsche Seeherrschaft im Finnenbusen ermöglicht auch die Überführung der Brigade Brandenstein von Tallinn nach Loviisa. In entscheidender Weise nimmt sie an den harten Kämpfen bei Lahti teil, wo die rote Nordwestarmee – bereits auf der Flucht nach Rußland – geschlagen wird.

Das deutsche bewaffnete Eingreifen in Finnland beschleunigt den Ablauf des Krieges. Bereits im Mai schweigen die Waffen, und Mannerheim reitet an der Spitze seiner weißen Armee in die Hauptstadt ein. Der alte Freiheitstraum der Finnen ist verwirklicht.

Ende der aktiven russischen Ostseeflotte

Die Ankunft der deutschen Großkampfschiffe in Hanko beschleunigt die Abfahrt der Ostseeflotte aus Helsinki.

An der sogenannten Eisfahrt nehmen 211 Einheiten teil.

Alle vier Großkampfschiffe:

- *Sewastopol*   (*Pariżskaja Kommuna*)
- *Gangut*   (*Oktjabrskaja Rewoljutsija*)
- *Petropawlowsk*   (*Marat*)
- *Poltawa*   (*Frunze*)

Die Vor-Dreadnought-Linienschiffe:
- *Andrej Perwozwannyj*
- *Imperator Pawel I. (Respublika)*

Westfalen und *Posen* bei der Insel Harmaja vor Helsinki am 12. April 1918, während aus der Stadt Gewehrfeuer, Geknatter der Maschinengewehre und dumpfer Kanonendonner herüberschallt.

Posen kommt von Hanko, *Westfalen* von Tallinn, wo Meurer den ehemaligen Oberbefehlshaber der Ostseestreitkräfte, Großadmiral Prinz Heinrich, an Land getroffen und mit Gefolge zu einem gemütlichen Abend an Bord eingeladen hat.

An dieser Stelle haben die Briten ihre sieben U-Boote gesprengt.

Durch Eis und Nebel verzögert, laufen die Schiffe in den Hafen ein und setzen ein Landungskommando von 400 Mann auf die Halbinsel Katajanokka. Auch Schiffsgeschütze beteiligen sich an den Kämpfen. Die Ostseedivision ist in die nördlichen Vorstädte vorgedrungen und die regierungstreuen weißen Finnen sind bewaffnet aus ihren Schlupfwinkeln herausgekommen. Nach zwei Tagen ist die Hauptstadt Finnlands frei. (Gemälde von Professor Adolf Bock.)

Eine Gruppe der russischen Ostseeflotte verläßt den Nordhafen von Helsinki am 10. April 1918. Rechts ein Zerstörer der verbesserten *Nowik*-Klasse. Alle Fahrzeuge haben den mit Konteradmiral Hugo Meurer in Hanko vereinbarten Neutralitäts-wimpel gesetzt. (Foto Gunnar Lönnqvist.)

Die Kreuzer:
- *Rjurik*
- *Bajan*
- *Admiral Makarow*
- *Bogatyr*
- *Oleg*

etwa 55 Zerstörer und Torpedoboote;
12 große moderne U-Boote;
Wachschiffe, Minenleger, Minensucher, Kanonenboote, Schul- und Hilfsschiffe.

Damit hat die Ostseeflotte ihre Rolle als Kampfinstrument im Ersten Weltkrieg ausgespielt.

Aufgaben der deutschen Ostseestreitkräfte erfüllt

Alle feindlichen Landungspläne sind im Sande verronnen.

Die südwestliche Ostsee ist als gesichertes Erprobungs- und Übungsgebiet der Flotte geblieben.

Millionen Tonnen Erze sind aus dem Bottnischen Meerbusen nach Deutschland gelangt.

Keine Granate ist auf die deutsche Küste gefallen.

Die deutschen Ostseestreitkräfte haben geleistet, was man von ihnen erwartet hat.

Panzerkreuzer *Rjurik*.

Kleiner Kreuzer *Oleg*.

Feind hört mit

– Das Kommando der Aufklärungsstreitkräfte der Ostsee nimmt an, daß unser Funkverkehr im Osten von russischen Stationen planmäßig beobachtet wird, schreibt der Oberbefehlshaber der Ostseestreitkräfte, Großadmiral Prinz Heinrich, am 24. November 1915 dem Chef des Admiralstabs.

Die Annahme wird mit der wiederholten Beobachtung begründet, daß »bei Beginn deutschen Verkehrs sofort alle russischen Stationen schweigen. Ist die Annahme richtig, so beschäftigen sich die Russen mit der Entzifferung unserer Funksprüche. Vielleicht bietet der Besitz des Signalbuches – Verlust des Buches mit SMS *Magdeburg* oder einem der in der Nordsee verlorenen U-Boote ist nicht ausgeschlossen – ihnen dazu die Anregung und ein willkommenes Hilfsmittel.«

Aufbau einer deutschen Marinefunkaufklärung

Zu dieser Zeit plant der Admiralstab die eigentliche Organisation des Entzifferungswesens, nachdem die Funkaufklärung hier und dort bereits in Gang gekommen ist.

Es entstehen vier Entzifferungsstellen.

E-Hauptstelle in Neumünster, bisher in Lille, Leiter Kapitänleutnant Braune. Jetzt bereits vorhandenes Personal, der Rest wird von Station Ost gestellt. Wissenschaftliche Verwertung der Entzifferungsergebnisse. Zusammenstellung in etwa 14tägig herausgegebenen Tätigkeitsberichten. Sonderaufgaben werden vom Admiralstab gestellt.

E-Stelle West in Brügge. Leiter Oberleutnant z.D. Gebhardt. Personal vom Marinekorps. Möglicherweise nötig werdende Verstärkung wird von Station Nord in Wilhelmshaven gestellt. Beobachtung des Funkverkehrs im Englischen Kanal und an der südlicheren Ostküste Englands, der Bewachungsfahrzeuge dieser Gegenden und des durch den Kanal gehenden Handelsverkehrs.

E-Stelle Nord in Tondern (Tönder). Leiter Kapitänleutnant Bücking. Personal Station Nord. Hochseekommando hilft mit Funkbeobachtungspersonal aus. Beobachtung des Funkspruchverkehrs der englischen Hochseestreitkräfte, der nördlicheren Küstenstationen und Bewachungsfahrzeuge.

E-Stelle Ost in Libau. Leiter Kapitänleutnant Gerth. Personal zum Teil bereits vorhanden. Rest wird von Station Ost gestellt. Beobachtung des gesamten russischen Funkverkehrs unter besonderer Berücksichtigung der Seestreitkräfte. Auch schwedischer Verkehr wird beobachtet. Die Einrichtung der Station beginnt am 16. Dezember 1915, sie ist am 16. Januar 1916 beendet. Mit diesem Tag wird der eigentliche Betrieb aufgenommen.

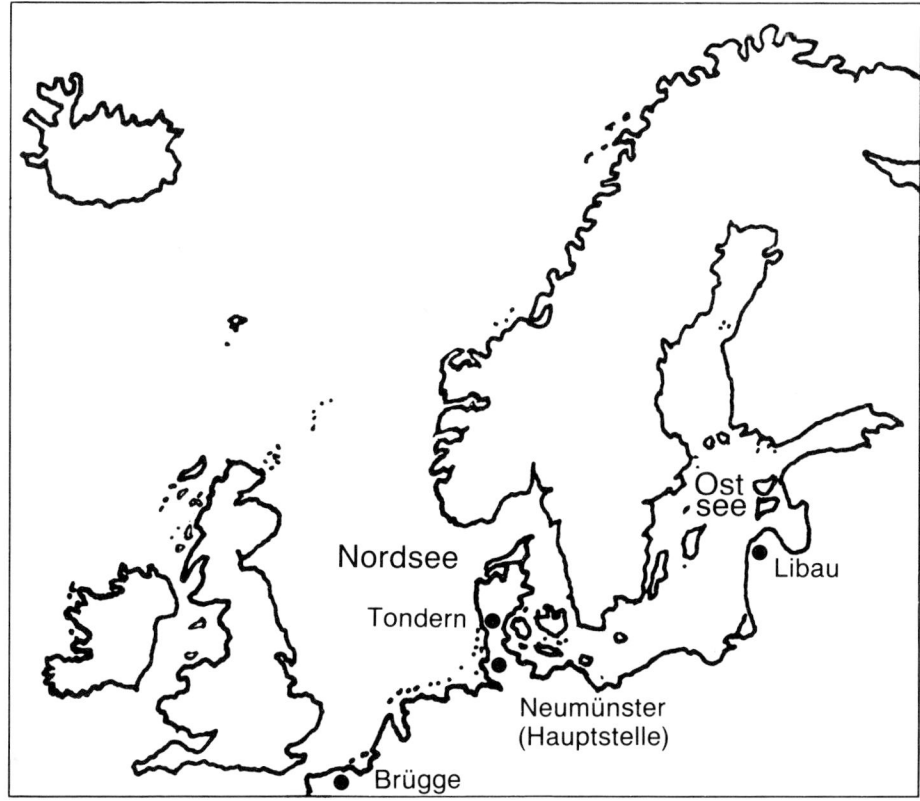

Entzifferungsstellen der deutschen Marine.

Stand im Herbst 1916

Als Beispiel für die Entzifferungsergebnisse der deutschen Marineaufklärung werden nachstehend elf Berichte der E-Stelle Libau wiedergegeben.

Sie zeigen die Schwierigkeiten, mit denen die deutschen Entzifferer ohne Signalbuch ihrer Gegner noch nach zwei Kriegsjahren zu kämpfen haben; sie zeigen ferner in vielen wichtigen Einzelheiten mangelhafte und unsichere Nachrichten, im Gegensatz zu den vollständigen und sicheren Meldungen ihrer russischen und britischen Kollegen, die das Originalsignalbuch der *Magdeburg* bereits seit dem Herbst 1914 zur Hand haben.

31. Oktober 1916: Patrouillendienst im Rigabusen kann zum Teil wegen schlechten Wetters nicht aufrechterhalten werden. Linienschiff *Slawa* sichtet am Vormittag eine treibende Mine. Funkverkehr gering.

8. November: Ein U-Boot erledigt Tauchübungen. Im Finnischen Meerbusen wird ein nicht näher bezeichnetes U-Boot gesehen. Der Chef einer Minensuchdivision gibt abgesuchte Fahrwasser, nach Zahlen bezeichnet, bekannt. Außerdem Meldungen über Schiffsbewegungen, über Auslaufen einiger Dampfer aus Helsingfors, einige Standortangaben und eine Wettermeldung. Im ganzen 39 Funksprüche.

10. November: Ostsee. Die vier U-Boote *Kaiman*, *Kuguar*, (*Jaguar?*) und (*Beluga?*) laufen vormittags aus (Helsingfors oder Hangö?) aus. Ein anderes U-Boot erledigt Tauchübungen vormittags. Nachmittags findet von (Hangö) aus Luftaufklärung durch vier Flugzeuge statt. Eine Minensucharbeit ist beendet, ohne Minen gefunden zu haben. Außerdem einige weniger wichtige Bewegungen kleinerer Fahrzeuge. Eini-

Russische U-Boote der *Bars*-Klasse, 650 t, in Tallinn.

U-Boot *Pantera*, später *Kommissar*, torpediert den vor Anker liegenden britischen Zerstörer *Vittoria* vor der Insel Seiskari im Finnischen Meerbusen am 31. August 1919. (Gemälde von Bublikow und Gorschkow.) *Vittoria,* 1 300 t, ist das größte Kriegsfahrzeug, das von russischen/sowjetischen U-Booten je versenkt worden ist.

ge Leuchtfeuerbestellungen und Standortangaben. Im ganzen 51 Funksprüche.

13. November: Bewegungen englischer U-Boote im Gebiet Reval.

16. November: Tauchübungen russischer U-Boote (4). Das Kriegsschiff »vu« meldet an alle Schiffe, daß im Fahrwassser Bank Tschernowa und Spit Udde (Spithamn) eine Sperre liegt und dieser Fahrwasserbezirk z.Z. nicht zu benutzen ist. Ein englisches U-Boot geht mittags aus Moonsund nach Reval. Ein U-Boot der AG-Klasse taucht. Das U-Boot *Pantera* läuft aus zur Deviationsbestimmung. Das Torpedoboot »uch«, das bei Tachkona auf Patrouille beim Netz ist, muß ein Schiff durchs Netz lotsen. Mehrere Meldungen über Schiffsverkehr von und nach Helsingfors durch die Schären.

28. November: Ostsee. Am Eingang Finnischer Meerbusen lebhafte Minenräumtätigkeit. Vormittags geht das U-Boot (*Makrel*) von (Mariehamn) nach (Ruham) und das U-Boot *C 35* von Tachkona in See (wohin ist nicht auszumachen). Die U-Boote, *Bars*,

Wiepr, *Gepard* erledigen Tauchübungen. Torpedoboot *214* auf dem Marsch von (Worms) nach (Laidunina). Nachmittags geht ein Schiff mit 4 Booten bei (Paternoster) im Moonsund zu Anker. Die selten hervortretende Funkstelle »mi« (größeres Schiff, *Admiral Makarow?*, oder Seebefehlshaber), die im Gefecht bei Haefringe am 30. Juni die Führung gehabt hat, meldet um 5 Uhr vormittags ihren Standort bei Klippingsgrund(?) (bei Hangö).

30. November: Tätigkeit von Schiffen. Art, Kurs und Ortsname noch nicht lösbar.

2. Dezember: --- Schweden, Nördliches Eismeer, Schwarzes Meer keine Nachrichten.

7. Dezember: Ein Kriegsschiff erhält auf Anfrage die Erlaubnis, nach Kronstadt einzulaufen.

8. Dezember: Ein Minensuchboot »*im 66*« hat abends eine Sperre gefunden.

14. Dezember: Der bisherige Seebefehlshaber im Rigabusen »fj« ist mit einer Division aus Helsingfors ausgelaufen und hat seine Befehlsgewalt einem Divisionschef übertragen.

Ausgiebigster Aufklärungszweig

Die Entzifferung aufgefangener feindlicher Funksprüche stellt das ausgiebigste, zuverlässigste und schnellste Nachrichtenmittel dar, das wir besitzen, schreibt der Chef des Admiralstabs der Marine am 19. Mai 1917 an den Staatssekretär des Reichsmarineamts.

Zur Sicherstellung des einwandfreien Arbeitens dieses Nachrichtenmittels in einem späteren Krieg ist laufende Vorbereitung bereits im Frieden unumgänglich notwendig. Auch für die richtige Beurteilung der politischen und militärischen Lage im Frieden ist die Entzifferung fremder Schlüsseltelegramme – die zum Teil durch Auffangen von Funksprüchen, zum Teil auf anderen Wegen zu beschaffen sind – im höchsten Grade wertvoll. Die Indiensthaltung von Entzifferungsstellen im Frieden ist daher erforderlich.

Signalbuch in Rußland

Beschwerlicher Anfang

Auf der *Magdeburg* erblicken die Russen etwas zum ersten Mal in ihrem Leben: eine Dienstvorschrift für die Aufklärung der Marine.

Sowohl in den Entwicklungsplänen der Flotte als auch in den Übungen der Vorkriegszeit ist die Aufklärung kaum beachtet worden.

Bei Kriegsanfang gibt es neben den U-Booten nur eine Überwassereinheit, die sich für Erkundungsfahrten eignet, den Zerstörer *Nowik*.

Die Agentenaufklärung des Generalstabs der Marine ist vernachlässigt und wird vom Kriegsausbruch überrascht.

Nur der Beobachtungs- und Verbindungsdienst Snis – služba nabljudenija i swjazi – an der Küste und auf Inseln ist imstande, feindliche Schiffsbewegungen zu melden, wenn solche in Sichtweite passieren sollten. Funkaufklärung gibt es vor dem Krieg nicht.

In den ersten Kriegstagen werden neun Funkpeilstationen errichtet, und zwar drei in Estland – Haapsalu, Kihelkonna auf Ösel und Dagerort auf Dagö – und sechs in Finnland – Prästö bei Åland, Utö, Turku, Hanko und zwei in Helsinki.

Auch fängt man an, verschlüsselte Funksprüche der deutschen Flotte in der Aufklärungsabteilung des Marinestabs auf dem Stabsschiff *Kretschet* zu sammeln. Sie kommen teils von einem Schiff, das für diesen Dienst beauftragt ist, teils von Küstenfunkstationen. Der Abteilungschef, Fregattenkapitän Rengarten, bemüht sich, die Geheimnisse des Gegners zu lösen.

Gleiche Anstrengungen macht der Chef des Snis, Kapitän zur See Nepenin, in seinem Stab in Tallinn, der erste höhere Seeoffizier, der zur Katastrophenstelle der *Magdeburg* kam.

Die russische Funkaufklärung in der Ostsee läuft gleichzeitig also an zwei Stellen, die parallel arbeiten, aber ohne irgendwelche Erfolge zu erzielen, bis der Fall *Magdeburg* eintrifft.

Tallinn. Auf der Reede Torpedoboot *Razjaschtschij*, Stapellauf 1906, 380 t, zwei 75-mm-Geschütze, zwei Torpedorohre, 26 kn.

Gefundene Geheimsachen

Was für Geheimschätze finden die Russen bei Odensholm?

Die Berichte aller Quellen unterscheiden sich etwas voneinander. Bychowskij und Mischkewitsch haben folgendes zu sagen:

- Zwei Exemplare ganz geheimer dreistelliger Signalbücher mit Bleideckeln. Gefunden auf Meeresgrund nahe dem Kreuzer.
- Der Schlüssel zum Signalbuch. Gefunden in der Kommandantenkajüte auf der Brücke im Kasten, der im Kleiderschrank geschickt eingebaut war.
- Kriegstagebuch. Gefunden unter dem Arm des ertrunkenen Steuermanns.
- Quadratkarten deutscher Minensperren im östlichen Teil der Ostsee im Gebiet Backofen-Steinort. Gefunden wie das Kriegstagebuch.
- Der Kode zur Quadratkarte. Gefunden in der Kajüte eines Offiziers.
- Tagebuch des Ersten Offiziers. Enthält genaue Zusammensetzungen der Lage in der Ostsee, angefangen kurz vor dem Beginn der Kriegstätigkeit. Das Tagebuch ließ er fallen, als er das Schiff in Eile verließ.
- Notizbuch des Artillerieoffiziers. Wertvolle Zusammensetzung aller Schießen des Kreuzers, angefangen im April 1914. Gefunden beim ertrunkenen Offizier.
- Zehn geheime deutsche Lotsenbücher der Ostsee. Gefunden im Kartenhaus.

Bedeutung der *Magdeburg*-Funde

Die russische Geschichte der Ostseemarine:

- Alle diese Dokumente ermöglichten der russischen Marineleitung, die Lage in der Ostsee und die Kräfteverhältnisse genau festzustellen und später auch deutsche Funksprüche zu entschlüsseln.

Die Kampfchronik der Russischen Flotte:

- Die Dokumente ermöglichten den Russen und ihren Verbündeten, die deutschen Geheimschriftsysteme zu beherrschen, was im Laufe des ganzen Krieges, ungeachtet oft vorgenommener Änderungen, die Entschlüsselungen des feindlichen Funkverkehrs sicherstellte.

Der Funkaufklärungsmitarbeiter Sakowitsch:

- Dieser außerordentliche Glücksfall spielte beim Erfolg der Funkaufklärung eine entscheidende Rolle.

Funkstation für Spezialaufgabe

Schritt für Schritt erhellt sich im Stab der Ostseemarine die Bedeutung des neuen Aufklärungszweigs und gleichzeitig drängt sich die Notwendigkeit auf, eine Zentrale zu schaffen, die alles Material vom Funkverkehr der deutschen Marine sammelt und auswertet.

Im Januar 1915 sind die Pläne soweit gediehen, daß der Bau der Anlage in Gang gesetzt werden kann. Im Wald auf der Landspitze Pöösaspea, Spithamn, gegenüber Odensholm, entsteht das Hauptgebäude, wo einige Funker an ihren Empfangsgeräten sitzen, das Entzifferungsbüro arbeitet und Offiziere ihre Wohnungen haben. In anderen Häusern sind übriges Personal, Leitung und Versorgung untergebracht.

Für unmittelbare Verbindung mit der zentralen Funkstation und der operativen Verwaltung des Snis in Tallinn werden direkte Fernsprecherleitungen verlegt. Diese beiden Stellen haben direkte Leitungen mit der *Kretschet*, die gewöhnlich in Helsinki oder Tallinn liegt. Die zentrale Funkstation in Helsinki hat Kabelverbindung mit Tallinn-Snis und außerdem Hughes-Kabel mit der zentralen Funkstation in Tallinn.

Im August sind alle Arbeiten fertiggestellt. Die Tätigkeit der RSON – radiostantsija osobogo naznatschenija = Funkstation für Spezialaufgabe – läuft an.

Zum Entzifferungsdienst werden zunächst nur Seeoffiziere mit Kenntnissen im Deutschen angenommen, später auch Leute von außerhalb der Flotte. Absolute Forderung ist ihre Zuverlässigkeit. Sie müssen Geheimnisse bewahren können.

Verbindung zu Verbündeten besteht nur über den Generalstab der Marine mit den Briten. Diese teilen ihre Erkenntnisse den Russen mit und geben ihnen auch einige wertvolle Dokumente, die in ihre Hände gefallen sind.

Wenn die deutsche Flotte Funknamen wechselt, brauchen russische Funkverkehrsbearbeiter öfter nur einige Tage, um die häufigsten Namen zu identifizieren.

Mehr Zeit ist nötig, wenn ein neues Signalbuch mit Schlüssel eingeführt worden ist. Zwei wesentliche Faktoren erleichtern den Russen, hier Fortschritte zu tun. Erstens der Mangel an Funkdisziplin in der deutschen Ostseeflotte, die sogar auf Unternehmungen hemmungslos funkt, und zweitens, daß die Russen mit den *Magdeburg*-Funden komplette, fehlerlose Exemplare als Vorbild besitzen.

Jeder entzifferte Funkspruch wird unverzüglich genau durchgelesen und der Inhalt erwogen. Dringende Dinge werden Rengarten und Nepenin sofort gemeldet, die Masse der Funksprüche jedoch am Morgen dem Befehlshaber der Marine und Nepenin vorgelegt. Gegebenenfalls werden auch Verbandsbefehlshaber, Kommandanten, Behörden und Küstenstationen unterrichtet.

Die Nachrichten werden in Karteien gesammelt.

Tägliche Eintragungen erfolgen auf durchsichtigen Papieren, die an eine große Wandkarte mit deutschen Quadraten gelegt ist, die Bewegungen der feindlichen Fahrzeuge in Rot, die eigenen in Blau.

Zusammenfassungen gehen dem Hauptquartier und anderen höheren Stäben zu, wie Front, 12. Armee und Generalstab der Marine.

Die Nachrichten der Funkaufklärung sind Unterlage zu zahlreichen Unternehmungen. Vor dem Auslaufen, meistens aus Tallinn, wird den Admiralen und Kommandanten im operativen Salon der *Kretschet* oder im Snis-Stab von Rengarten oder Nepenin die Feindlage vorgeführt. Oft beteiligt sich einer ihrer Aufklärungsoffiziere an der Fahrt. Bisweilen reist einer der beiden Offiziere zu einer vorgeschobenen Funkstation, entschlüsselt die deutschen Funksprüche und teilt die Erkenntnisse dem Verband oder Schiff mit. Dieses System hat vorzügliche Resultate ergeben. »Nepenins Aufklärung« ist in der Flotte eine geschätzte Tatsache. Admirale und Kommandanten, sogar der Befehlshaber der Marine selbst überlegen oft mit ihm. Er ist überall willkommen, seine Laufbahn geht in die Höhe. Beim Ausbruch der Revolution im März 1917 ist er Vizeadmiral und Befehlshaber der Ostseemarine.

Ein Beispiel, das für Nepenins Wesen typisch ist: Als deutsche Seestreitkräfte im August 1915 versuchen, in die Rigabucht einzudringen, wird der Eingang, die Irbenstraße, vorwiegend von der russischen Minendivision unter Kapitän zur See Pjotr Truchatschow Tag und Nacht zäh verteidigt. Ihm und seinen erschöpften Besatzungen ist es eine erfreuliche Erleichterung, als von Nepenin der Funkspruch eintrifft:

> – Petrucha! Geh' schlafen! Die Deutschen ziehen sich zurück.

Auf Rengartens Konto fällt die Funkaufklärung im Fall *Albatross*.

Albatross

Fregattenkapitän Rengarten befindet sich am 1. Juli 1915 im Leuchtturm Dagerort, um eine angelaufene Unternehmung der 1. Kreuzerbrigade, Konteradmiral Bachirow, zu unterstützen. Die Funkaufklärung hat entschleiert, daß die Deutschen etwas vorhätten, und der neue Befehlshaber der Ostseemarine, Vizeadmiral Kanin, setzt einen Vorstoß gegen Memel an. Im Morgengrauen des 2. Juli soll die Brigade die Stadt beschießen.

Nachts nimmt Rengartens Aufklärungsgruppe den deutschen Funkspruch auf:

– Aufgabe VII erledigt. Vom Feinde nichts gesichtet. Stehen 1 Uhr vormittags Quadrat 020e, Kurs 190°, Fahrt 17 sm.

Die Meldung wird von Rengarten entschlüsselt und dem Stab weitergegeben.

Da auch die deutsche Quadratkarte bei Odensholm in russische Hände geraten ist, ist der Ort der Schiffe westlich Dagö genau ersichtlich.

Die Meldung stammt vom Kommodore v. Karpf auf *Augsburg* und bezieht sich auf das Minenlegen des Minenschiffs *Albatross*, Fregattenkapitän West, bei Bogskär, gesichert von *Augsburg*. In östlicher Richtung haben *Lübeck* und *Roon* gedeckt und vereinigen sich mit den beiden anderen Schiffen, worauf die Gruppe sich auf den Heimweg macht.

Bachirows Vorstoß gegen Memel wird sofort annulliert. Dafür soll er gegen die deutsche Gruppe operieren. »Der Marinestab«, schreibt das amtliche russische Seekriegswerk, »berichtigt seine Kurse nach dem weiteren Funkverkehr des Feindes. Dies ist das erste Mal in der Geschichte, als eigene Streitkräfte mit Funkgeräten an den Feind herangeführt werden.«

Von den russischen Kreuzern aus ist noch kein Rauch des Feindes zu sehen, als Klarschiff angeschlagen wird.

Auf den deutschen Schiffen hat man keine Ahnung von der Nähe der Russen. Lebhafter russischer Funkverkehr ist zwar zu hören, aber man erkennt weder Rufnamen noch ist man imstande, den Inhalt zu deuten, sondern schreibt ihn Wachfahrzeugen in der Irbenstraße zu.

Der Kommodore entläßt daher um sechs den Panzerkreuzer *Roon* und den Kleinen Kreuzer *Lübeck* mit vier Torpedobooten nach Libau und steuert mit *Augs-*

Kreuzerbrigade der russischen Ostseeflotte; links Panzerkreuzer, rechts Torpedoboote.

burg, *Albatross* und drei Torpedobooten auf die Süd-spitze von Gotland zu, um nach Danzig zurückzukehren.

Eine halbe Stunde später wird im Südost eine schwarze Rauchwolke gesichtet. Aus dem Dunst treten zwei Panzerkreuzer heraus. Es sind Bachirows Flaggschiff *Admiral Makarow* und *Bajan*. Sie drehen zum laufenden Gefecht auf und eröffnen das Feuer. Bald kommen noch die Kleinen Kreuzer *Oleg* und *Bogatyr* hinzu.

In dem sehr ungleichen Kampf stehen nur zwölf 105-mm-Geschütze der *Augsburg* und acht 88-mm der *Albatross* gegen 52 größere. Und was das schlimmste ist: Alle Gegner sind auch an Geschwindigkeit den 20 kn der *Albatross* überlegen.

Karpf befiehlt Kurs West und äußerste Kraft. Er ruft *Roon* und *Lübeck* zurück. Sie sind jedoch schon so weit entfernt, daß sie nicht eingreifen können, bevor das Schicksal des Minenschiffs besiegelt ist.

Schwere Geschosse schlagen in die spiegelglatte See neben *Augsburg* und *Albatross* ein. Mit Zickzackfahren versuchen sie, die russische Feuerleitung zu erschweren, mit schwarzem Qualm, das Minenschiff zu schützen.

Die drei Torpedoboote *G 135*, *S 141* und *S 142* beteiligen sich mit ihrem 88-mm-Geschützen am Kampf, ziehen sich dann mit *Augsburg* in südwestliche Richtung zurück, kurz von *Bajan* gejagt. Ein Torpedoangriff würde sich nicht lohnen, weil die Russen sich auf 8 – 9 km Entfernung halten und die Laufstrecke der Torpedos nur 3 km beträgt. *Oleg* und *Bogatyr* drehen sich nach Norden, dann nach Nordwest: sie beschießen *Albatross* von achtern. *Makarow* dampft an Backbord des Minenschiffs auf.

Fregattenkapitän West probiert einen Trick.

– Bitte U-Boote angreifen lassen! läßt er in offener Sprache funken. Bachirow macht sofort rechtsum, aber nur vorübergehend.

Erst 45 Minuten nach dem Gefechtsbeginn bekommt *Albatross* den ersten Treffer. Dann folgen andere; Brände und schwere Schäden treten ein. Der Fockmast fällt herab, Kommandostand und Kartenhaus fallen aus. Mit Handruder wird weitergesteuert. Als auch dieses ausfällt, wird mit den Maschinen gesteuert. Sie und die Kessel bleiben wie durch ein Wunder intakt.

Albatross neigt nach Backbord über. Da der Kommandant annehmen muß, daß sie kentern werde, setzt er sie, nachdem er von Norden kommend den Östergarn-Sund bei Gotland passiert hat, um 08.12 Uhr mit langsamer Fahrt auf Strand.

Seit 07.45 Uhr im schwedischen Hoheitsgebiet schießt das Schiff nicht mehr, aber die russischen Geschütze hören erst nach zwanzig Minuten auf. Die schwedische Regierung legt später einen scharfen Protest in Petrograd ein. Rußland antwortet, der Vorfall hätte sich nur infolge des herrschenden Nebels ereignen können, »der verhinderte, die Beschießung genau zu regeln«.

Von der Besatzung von 237 Mann sind 27 gefallen, 55 verwundet.

Die Besatzung findet eine sehr freundliche Aufnahme durch die Schweden. Sie wird interniert, darf aber Urlaubsreisen in die Heimat vornehmen. *Albatross* wird in Oskarshamn, später in Karlskrona von der eigenen Besatzung repariert und kehrt nach dem Krieg nach Kiel zurück.

Mit dem Aufhören des russischen Feuers sind die Ereignisse des 2. Juli 1915 noch nicht beendet.

Vom Geschützdonner auf den Kampfplatz herangelenkt, sichten *Roon* und *Lübeck* gegen neun Uhr die mit Nordkurs abziehende Brigade und nehmen den Kampf auf. Er dauert nur zwanzig Minuten. Bachirow entfernt sich dann angeblich wegen Munitionsmangel.

Der stärkste und schnellste Panzerkreuzer *Rjurik*, der am Vortag im Nebel die Fühlung an der Brigade verloren hat, erscheint gegen zehn Uhr und gerät ins Gefecht, zuerst nur mit *Lübeck*, dann auch mit *Roon* und *Augsburg*. Wegen Störung im vorderen Geschützturm und angeblicher U-Bootsichtung bricht er das Gefecht ab.

Den größen Erfolg des Tages erzielt jedoch das britische U-Boot *E 9*, Korvettenkapitän Horton. Er sichtet um 14 Uhr bei Rixhöft zwei große Schiffe und Torpedoboote, feuert auf 400 m beide Bugrohre auf das erste Schiff und beschädigt es mit einem Torpedo schwer.

Es ist Panzerkreuzer *Prinz Adalbert*, Flaggschiff des Konteradmirals Hopman, der von Danzig ausgelaufen ist, um zur Unterstützung der Kreuzer bei Gotland zu eilen. Nur mit großer Mühe kann der Kreuzer über den Achtersteven fahrend, zweitausend Tonnen Wasser im Schiff, Kiel erreichen und muß zwei Monate auf der Werft liegen.

Minenschiff *Albatross* nach dem Gefecht mit russischen Kreuzern bei Gotland am 2. Juli 1915.

Mannschaften der *Albatross* und Schweden beim Bergen von Schiffsinventar nach dem Auflaufen.

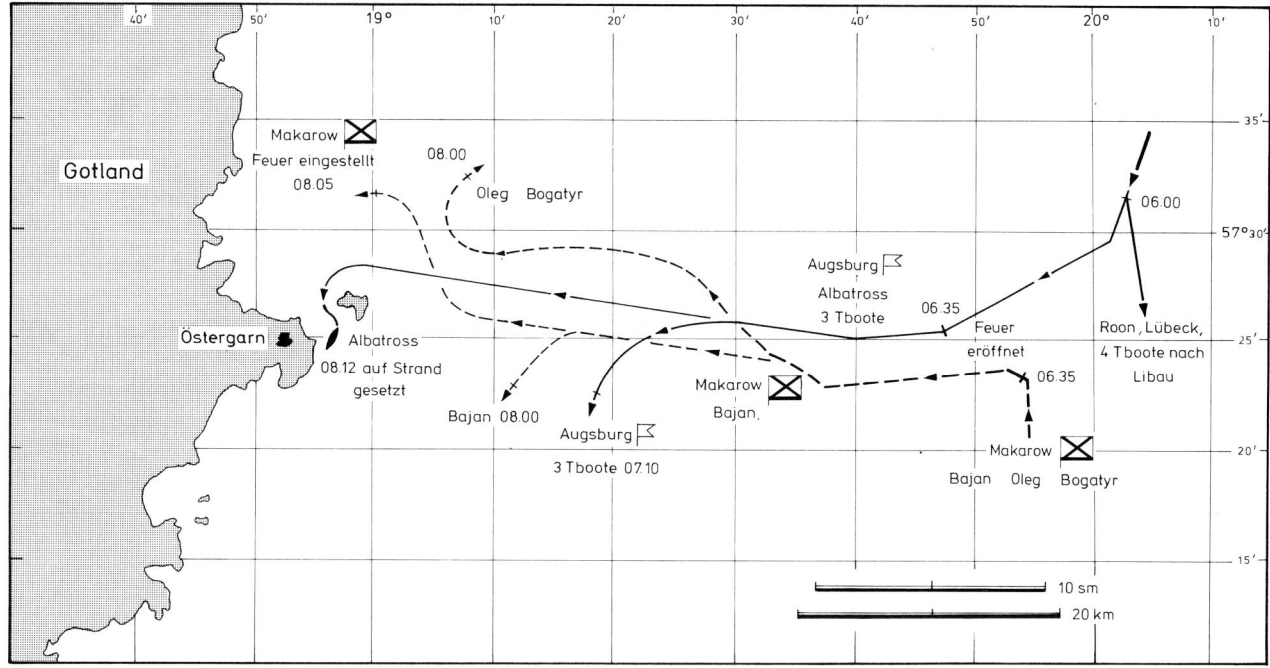

Gefecht bei Östergarn 2. Juli 1915

Kommodore v. Karpf befindet sich mit seinem Verband um ein Uhr nachts auf dem Rückweg von einer Minenunternehmung bei Bogskär und meldet westlich Dagö Standort, Kurs und Geschwindigkeit.

Auf der Höhe von Windau (Ventspils) entläßt er um sechs Uhr *Roon*, *Lübeck* und vier Torpedoboote nach Libau und beabsichtigt, mit *Augsburg*, dem Minenschiff *Albatross* und drei Torpedobooten nach Danzig zurückzukehren, als im Südosten starke Rauchwolken gesichtet werden.

Dort dampft die russische 1. Kreuzerbrigade unter Konteradmiral Bachirow auf: die Panzerkreuzer *Admiral Makarow* und *Bajan* mit den kleinen Kreuzern *Oleg* und *Bogatyr*. Der stärkste Panzerkreuzer *Rjurik* hat am Vortag im Nebel die Fühlung verloren und stößt erst später zur Brigade. Diese sollte Memel beschießen, wurde aber dank der russischen Funkaufklärung an Karpfs Verband herangeführt.

Die artilleristisch schwache und an Geschwindigkeit unterlegene *Albatross* ist zum Untergang verurteilt, kann sich aber in schwedischen Hoheitsgewässern bei Östergarn auf Strand setzen.

Am gleichen Morgen haben *Roon* und *Lübeck* ein kurzes Gefecht mit der Brigade und bald darauf *Augsburg*, *Roon* und *Lübeck* mit der *Rjurik*.

Vor der Danziger Bucht gelingt es dem britischen U-Boot *E 9* den Panzerkreuzer *Prinz Adalbert* schwer zu beschädigen.

Der für die Deutschen unglückliche *Albatross*-Tag verursacht Erörterungen in Kiel und Berlin. Auch dem Kaiser wird Vortrag gehalten.

Das frühzeitige Auseinanderziehen der beiden deutschen Gruppen war eine Unvorsichtigkeit, betont der Chef des Admiralstabs.

> – Um ähnlichen Verlusten wie *Albatross* vorzubeugen, wird es ratsam sein, nur entweder mit möglichst starken, oder aber möglichst schnellen Streitkräften aufzutreten, solange nicht sichere Nachrichten über das Auslaufen des Gegners mit Hilfe der Beobachtung der Ausfahrten erlangen sind.

Und Prinz Heinrich schreibt:

> – Sicher wäre die Anwesenheit von *Roon* und *Lübeck* von Vorteil gewesen, wie der 2. Admiral (v. Karpf) durch sein schleuniges Zurückrufen dieser Streitkräfte selbst beweist. Dagegen vermag ich aus der geringen Beachtung, die dem russischen Funkverkehr geschenkt wurde, dem 2. Admiral keinen Vorwurf zu machen.

An Bedarf und Möglichkeiten einer deutschen Marine-Funkaufklärung wird auf den höchsten Stellen noch nicht gedacht.

»Zimmer 40« in London

Unerwarteter Glücksfall

Marineminister Churchill hat am 6. September 1914 einen interessanten Besuch. Der russische Marineattaché teilt ihm mit, er habe aus Petersburg Nachricht erhalten, daß Geheimdokumente der deutschen Flotte nach der Strandung der *Magdeburg* gefunden worden seien. Es wäre bereits gelungen, mit ihnen einen Teil von Funksprüchen der deutschen Flotte zu entschlüsseln. Man meint in Petersburg, Großbritannien als führende Seemacht solle doch auch diese Unterlagen haben.

Begeistert bestätigt Churchill diesen erfreulichen Standpunkt. Der Attaché setzt fort:

- Wenn ein britisches Kriegsschiff nach Aleksandrowsk (Poljarnoje) an der Murmanküste geschickt würde, so würden die russischen Offiziere, die die Sachen verwalten, sie nach London bringen.

Mit der Aufgabe wird *Theseus* betraut.
Fünf Wochen später läuft der Kreuzer auf der Rückfahrt in Scapa Flow ein und meldet der Admiralität am 10. Oktober, er habe zwei russische Offiziere an Bord, die unterwegs nach London mit Eilpost für ihren Botschafter seien.

Die Offiziere sind der Adjutant des Zaren, Kapitän zur See Kedrow, und Korvettenkapitän Smirnow. Sie bleiben ein halbes Jahr in Großbritannien.

Nach drei Tagen erhalten Churchill und sein Erster Seelord Prinz Louis Battenberg diese »unschätzbaren Dokumente aus der Hand unserer treuen Bundesgenossen«.

Was bekommen die Briten aus Rußland?
Die Angaben sind in allen Quellen verschieden. Alle wichtigsten Akten erwähnt jedoch Jellicoe, als er – eifrig, aber vergebens – versucht, die Dokumente der deutschen Flotte von der Admiralität sofort und dringend zu erhalten, »die Kapitän Kedrow aus Rußland für mich gebracht hat: Signalbuch, Schlüssel, Quadratkarten usw.« (Beesly, S. 42).

»Dieser erstaunliche, unerwartete Glücksfall des Kodebuches der *Magdeburg*, vielleicht der glücklichste in der ganzen Geschichte der Geheimschrift«, schreibt Kahn, »gab England einen solchen Stoß in seiner Geheimschriftarbeit, daß es den ganzen Rest des Krieges weit vor seinen Feinden blieb.«

Der Erste Lord der Admiralität Churchill und der Erste Seelord Fisher. Gemälde von S. Begg.

Gruppe Ewing

Seit den ersten Tagen des Krieges haben sich auf dem Tisch des Chefs der Marineaufklärung, Konteradmiral Oliver, geheimnisvolle Funksprüche, anscheinend deutsche, angehäuft. Aber er kennt niemanden, der sich mit ihnen befassen könnte.

Als er eines Tages mit seinem Freund, Sir Alfred Ewing, unterwegs zum Mittagessen ist, fällt ihm plötzlich ein, daß gerade dieser der gesuchte Mann sei. Ewing hat sich für Geheimschrift interessiert und hat als Direktor des Marinebildungswesens im Krieg nur wenig zu tun.

In sein Arbeitszimmer zurückgekehrt, schlägt Oliver dem Direktor vor, neben den eigentlichen Dienstaufgaben auszudenken, was diese Papiere wohl sagen wollen.

Ewing nimmt sich der Aufgabe gern an. Zuerst studiert er Geheimschriftliteratur im British Museum und die Handelssignalbücher bei Lloyds und im Hauptpostamt. Dann nimmt er vier Lehrer der Seekriegsschulen mit guten Kenntnissen im Deutschen zusammen und beginnt mit ihnen, die Funksprüche in seinem Dienstraum zu studieren. Alles ist ganz geheim und jeder Besucher muß den Eindruck haben, daß hier nur Fragen des Bildungswesens behandelt werden.

Kaum etwas Brauchbares kommt heraus.

Am 13. Oktober ereignet sich dann der große Schlag. Das dicke Signalbuch der Kaiserlichen Marine wird als Kriegsbeute auf den Tisch gelegt.

Auch andere Kodes gelangen in den Besitz der Briten. In Melbourne überrascht Captain Richardson der australischen Marine frühmorgens am 11. August den Kapitän des deutschen Dampfers *Hobart* und zwingt ihn, die Geheimsachen, darunter das Handelsverkehrsbuch, auszuhändigen. Damit wird es möglich, den Funkverkehr zwischen der deutschen Marine und den Handelsschiffen mitzulesen.

Der zweite Fall trifft am 30. November 1914 ein. Ein britisches Fischerboot findet vor der holländischen Insel Texel eine Kiste mit dem geheimen Verkehrsbuch, das zwischen Berlin und den Marineattachés, Konsuln und Kolonialbehörden im Gebrauch ist. Der wertvolle Fund stammt vom Führerboot *S 119* der Halbflottille Thiele.

Die Geschichte der Halbflottille hat folgenden Verlauf: Mitte Oktober hat der deutsche Flottenstab eine Minenunternehmung gegen die Themsemündung zur Schädigung des lebhaften Handelsverkehrs geplant. Im Hinblick auf die Möglichkeit eines Verlustes beabsichtigt man nur veraltete Torpedoboote einzusetzen, die für andere Aufgaben nicht mehr vollwertig sind. Dabei wird nicht berücksichtigt, daß je geringwertiger die Fahrzeuge, auch desto geringer die Erfolgsaussichten.

Es soll die erste weiterreichende Unternehmung deutscher Torpedoboote sein, und ein energischer Wettbewerb entsteht um den Auftrag. Schließlich wird die Halbflottille Thiele gewählt, vier kleine, über zehn Jahre alte Boote, 420 t, 18 kn, drei Torpedorohre und drei 5-cm-Kanonen. Sie sollen je zwölf Minen übernehmen.

Alle Besatzungen wollen an dieser gefährlichen Fahrt teilnehmen. Jedoch Admiral v. Ingenohl bestimmt, daß wer nicht dringend notwendig ist, auszuschiffen sei.

Als Tirpitz im Hauptquartier Charleville von dem Plan hört, hält er ihn für »geradezu unsinnig« und hat mit Admiral v. Pohl, dem Chef des Admiralstabs, einen scharfen Zusammenstoß, aber die Unternehmung ist bereits angelaufen und wird nicht widerrufen.

Nach den Vorbereitungen in der Emsmündung an der deutsch-holländischen Grenze – mit guten Beobachtungsmöglichkeiten vom Ausland – kommandiert Korvettenkapitän Thiele:

– Mützen ab zum Gebet!

Nach der gemeinsamen Andachtsstunde schallen drei Hurras auf Kaiser und Reich über die Reede von Borkum. Die Geheimsachen der einzelnen Boote werden dem Kreuzer *Arcona* übergeben. Man nimmt die Minen über und im Morgengrauen des 17. Oktober gehen *S 119*, *S 115*, *S 117* und *S 118* in See.

Um zehn Uhr meldet Thiele, daß ein englisches U-Boot (*E 8*) gesichtet und fast gerammt sei. Damit weiß man, daß die Unternehmung in London bekannt ist und daß britische Gegenmaßnahmen zu erwarten sind. Die Boote sind in offenbarer Gefahr. Für sie sind keine deutschen Aufnahmestreitkräfte vorgeschoben. Dennoch werden sie nicht zurückgerufen, sondern fahren ihrem Verhängnis entgegen.

Thieles letzter Funkspruch kommt um fünfzehn Uhr. Er werde fünfzehn Seemeilen südwestlich Haaks Feuerschiff von feindlichen Streitkräften gejagt.

Diese sind der neue Kleine Kreuzer *Undaunted* mit den ebenfalls neuen Zerstörern *Lance, Lennox, Legion* und *Loyal* unter Captain Fox. Der Kreuzer hat zwei 152-mm- und sechs 102-mm-Geschütze, die 1000-t-Zerstörer drei 102-mm. Alle können etwa 30 kn erreichen.

Somit ist die Halbflottille Thiele verloren. Als der Korvettenkapitän und seine Kommandanten erkennen, daß ein Entkommen unmöglich ist, gehen sie zum Angriff über und werden nach zähem Widerstand abgeschossen. »Den Verlust der alten Boote«, schreibt Groos, »konnte man verschmerzen, nicht aber den der umsonst geopferten Freiwilligen.«

Nachher kommt noch das Unglück, daß das geheime Verkehrsbuch in die Hände des Gegners fällt.

Wir kehren zu den Kodes zurück.

Ein geheimes Verkehrsbuch wird 1915 im Gepäck des deutschen Konsuls Wasmuss in Persien (Iran) erbeutet. Das Buch liegt dann lange im Keller des Indian Office in London, bis Olivers Nachfolger als Chef der Marineaufklärung, Admiral Hall – bekannt als Blinker Hall, weil er ständig mit den Augen zwinkert – es findet. Er richtet eine Sektion für diplomatischen Nachrichtenverkehr im »Zimmer 40« ein; sie entschlüsselt mit diesem Kode u.a. das berüchtigte Zimmermann-Telegramm im Januar 1917.

Ferner werden Verschlußsachen auf deutschen U-Booten gefunden, z.B. auf *U 31*, das im Januar 1915 mit toter Besatzung bei Yarmouth angetrieben ist.

Aus dem Wrack des Luftschiffs *L 32,* das im September 1916 über London abgeschossen wird, soll ein Kode, zwar angebrannt, aber noch lesbar, geborgen worden sein. Nach dem Krieg erzählt Blinker Hall einem Besucher, es wären insgesamt 26 Kodes mit Variationen in Gebrauch gewesen und mit ihnen über 10 000 Funk- und Kabeltelegramme sowie Briefe gedeutet worden.

Von allen deutschen Signalbüchern ist jedoch das *Magdeburg*-Buch das wertvollste. Es wird bis zum Kriegsende täglich benutzt und hilft den Gegnern Deutschlands wesentlich, den Krieg zu gewinnen.

Die ersten entschlüsselten Funksprüche entpuppen sich nur als Wetterberichte von geringem Wert. Die meisten Mitteilungen bekommt man noch nicht heraus, aber gerade sie will man lesen. Zum Retter in der Not wird Paymaster-Commander Rotter, der deutsche Experte der Aufklärungsabteilung. Er beherrscht die Sprache und kennt auch deutsche Marineausdrücke. Nach wochenlangen Bemühungen kommt er hinter den Kniff. Es handelt sich um ein Buchstaben-Ersatzverfahren, mit dem die wichtigeren Funksprüche überschlüsselt sind. Nachdem der erste Schlüssel aufgeklärt ist, werden auch die späteren gemeistert.

Ewings Gruppe wächst. Es wird eng im Zimmer des Ausbildungsdirektors. Mitte November wird für sie das größere »Zimmer 40« im alten Gebäude der Admiralität freigemacht. Es liegt abseits vom Hauptstrom des Getriebes und hat auch ein kleines Nebenzimmer mit Bett für ermüdete Kodeknacker.

Amtlich wird die Gruppe auf I.D.25 getauft, das heißt Sektion 25 der Intelligence Division; sie erhält später noch mehr Platz. Sie behält aber ihre ursprüngliche unschuldige Bezeichnung »Zimmer 40«, und ihre Tätigkeit geht unter dieser Bezeichnung in die Geschichte ein.

Aus dem Arbeitsbereich der Gruppe

Puzzle mit verschiedenen Nachrichten

»Zwischen dem Sammeln und Prüfen von Nachrichten und ihrer Auswertung zu richtigen Schlüssen ist häufig noch einmal ein himmelweiter Abstand«, sagt Churchill. »Es werden Signale gegeben, der Funkanruf eines bestimmten Schiffes wird gehört, man sieht Lichter in bestimmten Fahrwassern zu bestimmten Zeiten, Schiffe sind in Bewegung, Minenleger sind in Tätigkeit, Fahrwasser werden ausgebojt, Sperrtore geöffnet. – Was bedeutet das alles? Im ersten Augenblick scheint alles alltäglich. Hält man aber alle Erscheinungen gegeneinander, so kann man daraus doch bisweilen auf bedeutungsvolle Ereignisse schließen. Kurzum, alle diese Anzeichen, aus welcher Quelle sie auch stammen mochten, unterlagen der besonderen Bearbeitung Sir Arthur Wilsons. Er hatte die heilige Pflicht, unseren Kriegsausschuß darauf aufmerksam zu machen.«

U-Boote

Die Tätigkeit der deutschen U-Boote wird durch die Nachrichten des »Zimmer 40« erheblich erschwert. Ihr Aus- und Einlaufen, sogar Operationsgebiet, werden oft entschleiert, die Flotte gewarnt, wichtige Handelsschiffe mit Geleit versehen.

Eine merkwürdige Ausnahme ist der Fall *Lusitania.* Auf der Fahrt von New York nach Liverpool erhält der 31 000 t große britische Fahrgastdampfer zwar eine Warnung, U-Boote seien vor der südirischen Küste aktiv, und der Kreuzer *Juno* werde das Schiff hier aufnehmen. Der alte Kleine Kreuzer, 5 700 t, Geschwindigkeit 19 kn, der selbst Zerstörer zum Schutz benötigt hätte, wird am 7. Mai 1915 zurückgerufen, ohne daß *Lusitania* darüber unterrichtet wird. *Juno* läuft über ein U-Boot in Richtung Queenstown hinweg, ohne es zu bemerken.

»Zimmer 40« entschleiert auch Operationsgebiete der U-Boote. Wichtige Handelsschiffe werden mit Geleit versehen, jedoch nicht die *Lusitania. U 20* versenkt sie am 7. Mai 1915. Schwieriger Notenwechsel mit Amerika ist die Folge. Die Torpedierung der *Lusitania* ist die folgenschwerste des Krieges.

Das Boot ist *U 20,* Kapitänleutnant Schwieger. Der Kommandant ist an diesem Tag schon entschlossen, wegen dichten Nebels den Rückmarsch nach Wilhelmshaven anzutreten, als es plötzlich sichtig wird. Vor Fastnet Rock kommt ein großer Dampfer mit vier Schornsteinen in Sicht.

Noch ist es unsicher, ob es gelingen werde, ihn trotz seiner überlegenen Geschwindigkeit von 18 kn zu stellen, als er seinen Kurs auf Steuerbord ändert. Aus 700 m Entfernung läuft aus dem Bugrohr ein Torpedo und trifft den Riesen an Steuerbord dicht hinter der Kommandobrücke.

Während in den Tagen zuvor meist zwei Torpedos nötig waren, um viel kleinere Dampfer zum Sinken zu bringen, übertrifft die Wirkung des einen Torpedos alle Erwartung. Es erfolgt eine zweite, sehr starke Detonation mit großer Sprengwolke. Es ist die unzulässige Munition, deren Vorhandensein an Bord offiziell geleugnet wird, aber später bewiesen ist. Das Schiff sinkt mit fast 1 200 Menschen, davon 124 Amerikaner. Die Versenkung der *Lusitania* erweckt starken Unwillen gegen Deutschland und wird von der britischen Propaganda geschickt für einen Kriegseintritt der USA ausgenutzt.

Dank »Zimmer 40« kennt die Admiralität die Fahrt des ersten deutschen U-Boots nach den Dardanellen im Frühjahr 1915. Der Kommandant Hersing von *U 21* sieht deutlich, daß er erwartet wird. Linienschiff *Triumph* liegt mit ausgebrachtem Torpedoschutznetz vor Gallipoli und ein Zerstörer umkreist es mit hoher Fahrt. Auf den Nocken der Netzspieren sitzen Ausguckmatrosen. Und *Majestic,* inmitten von vielen Hilfsschiffen, wird von sechs Zerstörern umkreist, so daß ein Herankommen fast ausgeschlossen scheint. Dennoch gelingt es Hersing, beide Linienschiffe mit je einem Torpedo zu versenken.

Rubens

Ehemaliger britischer Dampfer *Rubens,* 6 000 BRT, der bei Kriegsbeginn in Hamburg lag, wird in Wilhelmshaven als *Sperrbrecher A* für eine Fernfahrt ausgerüstet.

Er soll Kohlen, Maschinenteile, Waffen, Munition, Proviant, Frischwasser, Sanitätsausrüstung usw. nach Deutsch-Ostafrika für v. Lettow-Vorbecks Truppen und den Kleinen Kreuzer *Königsberg* überführen, der sich nach Kriegführung im Indischen Ozean in den

Kleiner Kreuzer *Königsberg,* Stapellauf 1905, 3 400 t, zehn 105-mm-Geschütze, zwei Torpedorohre, 24 kn.

Rufidschifluß im heutigen Tansania zurückgezogen hat und ohne Maschinenreparatur und Brennstoff nicht in See gehen kann.

Mit großer Decksladung von Holz zum dänischen Dampfer *Kronberg* getarnt, verläßt der Dampfer im Februar 1915 die Heimat. Sein Kommandant ist Oberleutnant zur See der Reserve Christiansen.

Obgleich der Funkdienst der *Königsberg,* Kommandant Korvettenkapitän Looff, bemerkt hat, daß britische Kreuzer den deutschen Verkehr auffangen und über Landstationen nach London weitergeben, ist es nicht zu umgehen, daß Christiansen durch Funk angewiesen werden muß, bei Tagesanbruch am 14. April die Bucht von Tanga von Norden her anzusteuern, die Ladung für Lettow-Vorbeck so schnell wie möglich zu löschen und sofort wieder auszulaufen.

Zum Irreführen der Gegner wird von Zeit zu Zeit Funkverkehr von drei deutschen Stationen ausgeführt, und zwar von der Station der *Königsberg,* der auf dem Dampfer *Somali* eingebauten Station des kleinen Vermessungsschiffs *Möwe* und der Marconi-Station des aufgebrachten britischen Dampfers *City of Winchester.* Mit Kurs-, Geschwindigkeits- und Kohlenbestandsignalen sollen sie Schiffsbewegungen in See vortäuschen.

Die Finte wird aber diesmal kein Erfolg. Als *Rubens* sich Tanga nähert, wird sie vom Kleinen Kreuzer *Hyacinth* verfolgt und unter Feuer genommen. Christiansen ankert in der Bucht, läßt die Bodenventile öffnen und die Holzladung anzünden. Das Schiff sinkt bis zum Oberdeck.

Zwar wird ein großer Teil der wertvollen Ladung in fünfwöchiger Arbeit geborgen, aber es reicht nicht aus, um *Königsberg* wieder fähig zum Kreuzerkrieg und gegebenenfalls zum Durchbruch nach der Heimat zu machen.

Nicht alle Funksprüche des deutschen Kreuzers brauchen »Zimmer 40« vorgelegt zu werden.

Als eines der blockierenden britischen Kriegsschiffe am Sylvestertag 1914 in deutscher Sprache gefunkt hat:

– An *Königsberg.* Wir wünschen Ihnen ein fröhliches Fest und ein glückliches neues Jahr. Wir hoffen Sie bald zu sehen.

antwortet Looff:

– Thanks, same to you. If you want to see me I am always at home (Danke, das gleiche wünsche ich Ihnen. Wenn Sie mich zu sehen wünschen, ich bin stets zu Hause).

Meteor

Nachdem Hilfskreuzer *Meteor* am 8. August 1915 morgens im Moray Firth, Schottland, Minen gelegt und den Hilfskreuzer *The Ramsey* überraschend torpediert hat, läßt der Kommandant dem Flottenflaggschiff abends die Meldung durchgeben:

– Habe Minen gelegt. Habe versenkt im Angriff 039 b 3 Hilfskreuzer *Ramsey.* Habe gerettet

Teil der Mannschaft. *Meteor* ohne Verlust. Rückkehr Wilhelmshaven.

Wegen einiger Chiffrierfehler kann die Meldung zunächst nicht entschlüsselt werden und wird sowohl vom Hilfskreuzer als auch von Norddeich wiederholt. So kann auch »Zimmer 40« sich des richtigen Wortlauts versichern.

Aber damit nicht genug. Noch vor Mitternacht gibt Korvettenkapitän v. Knorr einen langen Bericht über die Lage der Minensperren und die Zahl der geretteten und verwundeten Engländer.

Am nächsten Morgen folgt der dritte Funkspruch. Der Kommandant berichtet, er habe die dänische Bark *Jason* vernichtet und werde voraussichtlich am 10. gegen 9 Uhr morgens auf Schilligreede eintreffen. Er bestellt ein Lazarettschiff für die Verwundeten. Standort der *Meteor* um 6 Uhr morgens 80 sm WNW von Horns-Riff, Kurs SzO^1/$_2$0, Fahrt 13.

Trotz dieser Funkerei weit entfernt in der Nordsee beeilt Knorr sich nicht in Richtung auf die heimatliche Sicherheit, sondern untersucht noch zwei neutrale Dampfer.

Knorr trifft wirklich mit seiner Besatzung in Wilhelmshaven ein, aber verspätet auf Torpedobooten und ohne die Briten und ohne sein Schiff. *Meteor* liegt auf Meeresgrund, von der eigenen Besatzung versenkt, nachdem Kommodore Tyrwhitt mit fünf Kleinen Kreuzern gekommen war.

Korvettenkapitän v. Knorr braucht nicht lange schiffslos zu sein. Bald steht er als Kommandant auf der Brücke der *Breslau-Midilli* im Bosporus und im Schwarzen Meer.

Hilfskreuzer und Minenleger *Meteor.*

Dezember 1914

Erste Sensationsnachrichten

Montag, der 14. Dezember 1914, in der Admiralität. Abends erscheint Oliver mit Papieren bei Churchill und bittet um eine Unterredung, an der auch der Erste Seelord Fisher und Admiral Wilson teilnehmen sollten. In einigen Minuten sind alle vier zusammen.

»Zimmer 40« hat, so erklärt Oliver, zwei wichtige deutsche Funksprüche entschlüsselt, die auf eine bevorstehende Unternehmung morgen und übermorgen deuten. Konteradmiral Hipper bittet den Befehlshaber der Luftschiffe und Flugzeuge um Aufklärung im Sektor West-Nordwest in den nächsten zwei Tagen, »weil unsere Streitkräfte in See sein werden«. Und im anderen Funkspruch sagt der deutsche Admiral: »Unsere Schiffe und Torpedobootsflottillen verlassen die Jade um 3.30 Uhr und passieren Helgoland nach 17.30 Uhr.« Als die Großen Kreuzer mit ihren leichten Streitkräften auf der Rückkehr Helgoland passieren, sind sie etwa 40 Stunden in See gewesen, also lange genug, um einen Vorstoß zur britischen Küste durchzuführen, wie am 3. November. Die Linienschiffe der Hochseeflotte scheinen nicht beteiligt zu sein.

Es ist das erste Mal, daß »Zimmer 40« solche Sensationen bietet. Stimmen sie? Kommt Hipper mit seinen schnellen Streitkräften wirklich?

Eine überraschende Beschießung der Ortschaften an der langen Küste kann nicht verhindert werden. Der Feind soll erst auf dem Rückmarsch abgefangen werden. Jellicoes Hauptmacht kann in Scapa bleiben.

So entsteht »eine Entscheidung«, schreibt Churchill, »die im Lichte der folgenden Ereignisse sehr bedauert werden mußte.«

Gegen Mitternacht erhält Admiral Jellicoe auf *Iron Duke* das Telegramm:

– Gute Nachricht gerade eingegangen, laut der ein deutsches Kreuzergeschwader mit Zerstörern Dienstag frühmorgens die Jade verlassen wird und Mittwoch abend zurückkehrt. Nach unserer Nachricht ist es sehr unwahrscheinlich, daß die Linienschiffe herauskommen. Der Feind wird Zeit genug haben, um unsere Küste zu erreichen. Senden Sie sofort, heute abend auslaufend, das Schlachtkreuzergeschwader (Vizeadmiral Beatty) und ein Geschwader der

Vormarsch der Großen Kreuzer zur britischen Küste am 15. Dezember 1914 von *Blücher* aus aufgenommen.

Kleinen Kreuzer, unterstützt von einem Linienschiffsgeschwader, wenn möglich dem zweiten (Warrender). Bei Hellwerden am Mittwoch sollen sie an einem Punkt sammeln, wo sie den Feind auf seinem Rückzug abschneiden können. Tyrwhitt mit seinen Kleinen Kreuzern und Zerstörern wird versuchen, Fühlung mit dem Feind vor der britischen Küste aufzunehmen und ihn zu beschatten und den Admiral (Vizeadmiral Warrender, ältester Seebefehlshaber) laufend unterrichtet zu halten.

Nachdem alle erforderlichen Maßnahmen getroffen sind, warten die Eingeweihten gespannt, was der Mittwochmorgen bringen wird.

Der Marineminister badet, als gegen halb neun Uhr die Tür aufgerissen wird und ein Offizier ihm ein Marinetelegramm überreicht.

– Deutsche Schlachtkreuzer beschießen Hartlepool.

Die Leute von »Zimmer 40« hatten also recht!

Mit einem Satz springt der Erste Lord aus dem Wasser, wirft die Kleider über und läuft die Treppe zum Kriegszimmer hinunter.

Fisher ist bereits da. Oliver trägt die Stellungen der eigenen und deutschen Schiffe nach den ständig eintreffenden Meldungen auf die große Karte ein.

Konteradmiral Hipper im Kommandostand seines Flaggschiffs *Seydlitz.*

Hipper hat seine Kreuzer vor der Küste in zwei Gruppen geteilt. Die nördliche Gruppe *Seydlitz, Moltke* und *Blücher* beschießt Hartlepool, die südliche *Von der Tann* und die neue, von den Briten »Der eiserne Hund« genannte *Derfflinger* nimmt Scarborough und Whitby unter Feuer, während der Kleine Kreuzer *Kolberg* – Kommandant der ehemalige Marineattaché in London Kapitän zur See Widenmann – eine Sperre von hundert Minen legt.

Nach kurzen Beschießungen vereinigen sich die Gruppen und beeilen sich heimwärts.

Erst als die ersten Granaten auf britischen Boden einschlagen wird die Hauptflotte alarmiert. Vier Stunden später hat sie Dampf auf und verläßt Scapa, ist aber viel zu weit ab, um eingreifen zu können.

Warrender mit sechs modernen Linienschiffen und Beatty mit vier Schlachtkreuzern, dazu noch Kleine Kreuzer und Torpedoboote, warten an der Dogger-bank, hundert Seemeilen östlich der Küste, um Hippers Streitkräfte zu zerschmettern.

Dafür wissen sie sich stark genug. Sie haben keine Ahnung, daß sie selbst in schlimmer Gefahr schweben. Wider Erwarten ist nämlich Admiral v. Ingenohl mit seiner Hauptmacht – 14 Dreadnoughts, 8 Vor-Dreadnoughts, 9 Kreuzer und 51 Torpedoboote – zu Hippers Rückhalt ausgelaufen und steht Mittwoch morgen in Warrenders und Beattys Nähe. Um 06.30 Uhr faßt der Befehlshaber der Hochseeflotte jedoch ohne stichhaltigen Grund den Entschluß, vorzeitig kehrtzumachen, »weil eine Gefahr für die eigenen Schlachtkreuzer nicht mehr besteht, da sie den Linienschiffen an Geschwindigkeit überlegen und feindliche Schlachtkreuzer nicht gemeldet sind«.

Infolge schwerer See hat Hipper bereits vor den Beschießungen seine Kleinen Kreuzer *Stralsund, Straßburg* und *Graudenz* mit zwei Torpedobootsflottillen entlassen. Diese geraten mittags in Gefechte mit Beattys Vorhut und Warrenders Seitendeckung.

Damit wird Hipper vor der ihm gestellten Falle gewarnt. Er schwenkt nach Norden und ist stundenlang selten mehr als 25 Seemeilen von den beiden Admiralen entfernt, deren mangelnde Zusammenarbeit wie auch das unsichtige Wetter ihm ein wichtiger Vorteil sind. Ohne seine Gegner auf hoher See zu sehen, kommt Hipper in großem Bogen nördlich der Dogger-bank nach Hause.

»Wir gingen in ängstlicher Spannung zum Frühstück«, schreibt Churchill. »Der Gedanke, das deutsche Schlachtkreuzergeschwader, dessen Verlust unersetzlich wäre und der die deutsche Flotte hoffnungslos verstümmelt hätte, tatsächlich in unseren Klauen zu haben und es ertragen zu müssen, daß es uns durch unsichtiges Wetter wieder entschlüpfte, erschien uns wie eine schwere Strafe Gottes.
Der Nachmittag brach an, es wurde ein Uhr. Das Wetter verschlechterte sich dauernd. Auf der Nordsee wurde es offenbar unsichtig. Sichtigkeit 3 000 m, dann 2 000 m, meldeten sich die Schiffe untereinander. Die feierlichen Gesichter Fishers und Wilsons waren unbeweglich, man fühlte aber, welches Feuer in ihnen brannte. Ich versuchte, etwas anderes zu arbeiten, aber es gelang mir nicht.
Um drei Uhr teilte ich dem Kriegsausschuß die Ereignisse mit. Mit wie schwerem Herzen kehrte ich über die Horse Guards Parade wieder in die Admiralität zurück! Die Schatten des winterlichen Abends hatten

Schlachtkreuzer *Seydlitz* auslaufend.

Leuchtturm von Scarborough, von deutschen Granaten am 16. Dezember 1914 beschädigt. *Derfflinger* und *Von der Tann* beschießen Bahnhof, Gaswerk, Küstenwachstation, Signalstation, Fahrzeuge im Hafen usw. 20 Minuten lang von 2,5 bis 4 km Entfernung und verfeuern 333 x 152-mm- und 443 x 88-mm-Granaten.

sich bereits gesenkt. Sir Arthur Wilson zeigte auf die Karte, auf der die Stellungen alle Viertelstunden eingetragen waren. Es war offenbar, daß die Deutschen unseren Streitkräften, die sie abfangen sollten, im Nebel entkommen waren.«

Beiderseitige Enttäuschung

Auch deutscherseits ist man enttäuscht, und zwar wegen des Verhaltens Ingenohls. Wäre er nicht am Morgen des 16. Dezember von seinem Vormarsch frühzeitig zurückgekehrt, so wären das britische Linienschiffsgeschwader und die Schlachtkreuzer auf die ganze Hochseeflotte gestoßen, mit der sich dann auch Hipper vereinigt hätte. Mit der deutschen Überlegen-

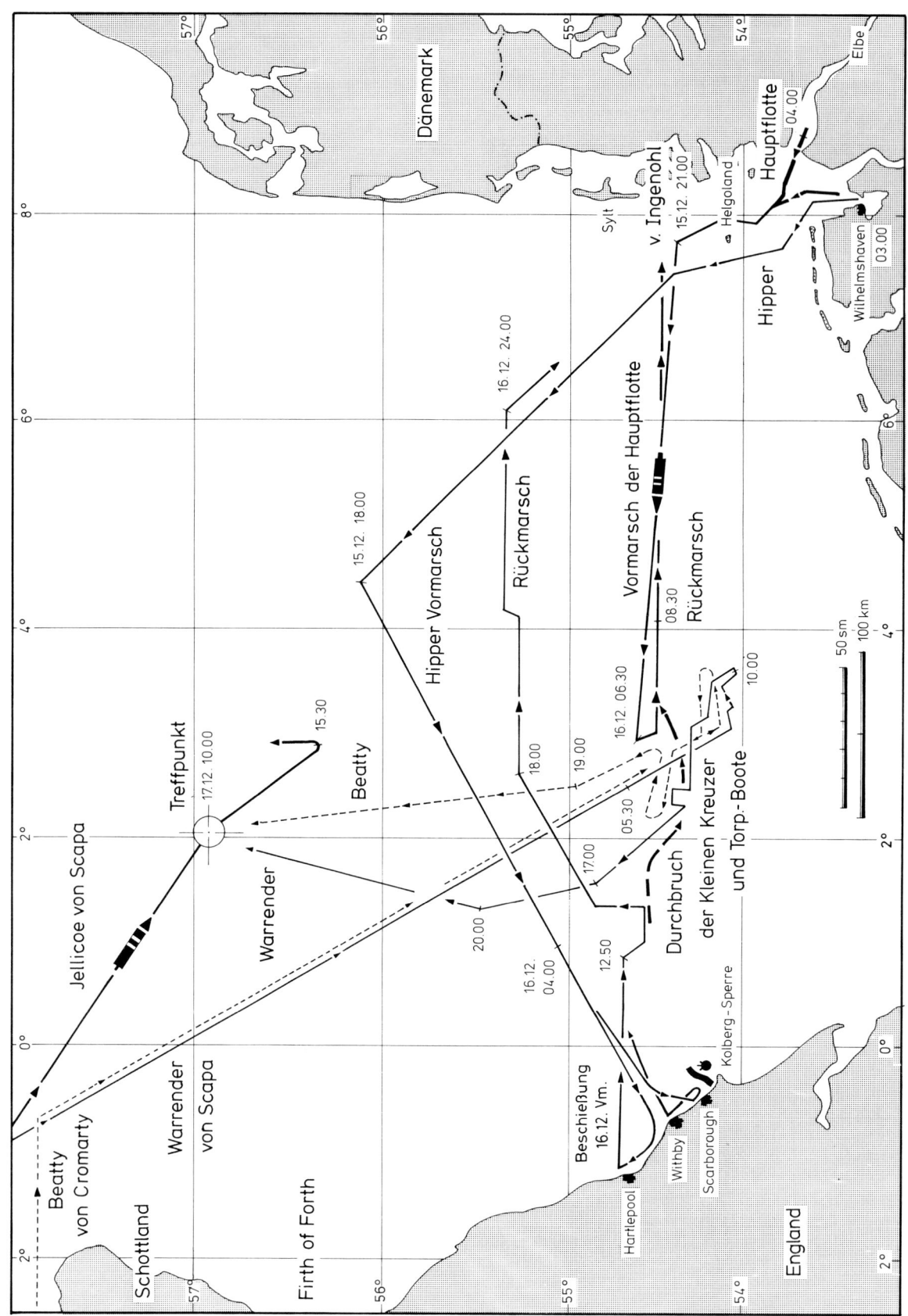

94

Dänemark

57°

56°

55°

54°

8°

6°

Helgoland

Sylt

v. Ingenohl

15.12. 21.00

Hauptflotte

04.00

Hipper

Wilhelmshaven

03.00

Elbe

16.12. 24.00

15.12. 18.00

Hipper Vormarsch

Rückmarsch

Vormarsch der Hauptflotte

Rückmarsch

08.30

16.12. 06.30

10.00

50 sm

100 km

4°

2°

Treffpunkt

17.12. 10.00

15.30

Jellicoe von Scapa

Beatty

Warrender

Warrender von Scapa

Beatty von Cromarty

Schottland

Firth of Forth

57°

56°

55°

54°

18.00

19.00

05.30

17.00

20.00

16.12.
04.00

12.50

Durchbruch
der Kleinen Kreuzer
und Torp.-Boote

Beschießung
16.12. Vm.

Hartlepool

Withby

Scarborough

Kolberg-Sperre

England

2°

0°

2°

Die Großen Kreuzer eilen heimwärts bei schwerem Wetter; am 16. Dezember 1914 von *Blücher* aus gesehen.

heit wäre ein durchschlagender Erfolg errungen worden, eine Operation, die gerade erhofft wurde.
»Eine große Gelegenheit«, schreibt Hippers Stabschef, der spätere Großadmiral Raeder, »war ungenutzt vorübergegangen.«
Und Tirpitz:
»Am 16. Dezember hatte Ingenohl das Schicksal Deutschlands in der Hand. Ich gerate immer in eine innere Aufregung, wenn ich daran denke.«

Hat die Admiralität es gewußt?

Die Frage, ob die Admiralität dies im voraus gewußt hätte, beschäftigt die deutsche Flottenleitung.

Wie war es gekommen, daß Warrender und Beatty während der Küstenbeschießungen an der Doggerbank waren?
Zufall? Sehr möglich, denn sonst wäre wahrscheinlich auch Jellicoe draußen gewesen.
Wenn nicht Zufall, woher konnte die Admiralität den Bescheid über die deutsche Unternehmung im voraus bekommen haben?
Man neigte zur Auffassung, daß diese sich infolge der langen Vorbereitung und mehrfachen Verzögerung irgendwie von selbst verraten hätte.
Die richtige Lösung des Problems – die Marinefunkaufklärung – ist in Deutschland noch 1923 nicht bekannt, als die amtliche Geschichte »Der Krieg zur See 1914–1918« des Marine-Archivs veröffentlicht wird.

Erst am 13. Dezember 1927 wird das Geheimnis des »Zimmer 40« entschleiert, als sein ehemaliger Chef, Sir Alfred Ewing, einen Vortrag im Philosophischen Institut in Edinburgh hält, der starkes Echo in der Weltpresse hervorruft.

Konteradmiral Hipper vor der englischen Küste am 16. Dezember 1914
Erste größere deutsche Flottenunternehmung, von der die Admiralität durch Funkaufklärung im voraus erfährt.

Am 14. Dezember 1914 meldet »Zimmer 40«:
    Konteradmiral Hipper soll am 15. bei Tagesanbruch die Jade verlassen und am 16. abends zurückkehren.
Die Admiralität vermutet, daß es sich um ähnliche Küstenbeschießungen handeln kann, wie am 3. November und trifft einige Gegenmaßnahmen, jedoch ohne die Hauptflotte unter Jellicoe einzusetzen.
Hipper erscheint tatsächlich mit fünf großen und einem Kleinen Kreuzer am 16. vor Hartlepool, Whitby und Scarborough und kehrt ohne Verluste zurück.
Zu seinem Rückhalt geht auch Admiral v. Ingenohl mit der Hochseeflotte in See und hat die Möglichkeit, Teile der britischen Flotte — Warrenders Linienschiffsgeschwader und Beattys Schlachtkreuzer — zu schlagen, macht aber vorzeitig kehrt und verpaßt damit eine nie wiederkehrende Gelegenheit.

Januar 1915

Ein Operationsbefehl

Kalter Wintertag mit Schneetreiben in Wilhelmshaven. Der Große Kreuzer *Blücher* nähert sich mit wenig Fahrt den Schleusen, um nach seinem Vorpostendienst in die Werft einzulaufen. Es ist Samstag vormittag, der 23. Januar 1915, und vielen steht die Freude eines Landurlaubs bevor.
Doch die Werftfahrt wird unerwartet abgebrochen. Es ist Befehl gekommen, mit dem Einschleusen zu warten. Der Anker rauscht auf Meeresgrund.
Bald darauf tritt der Funkoffizier, Oberleutnant Kurt Gebeschus, vor den Kommandanten und gibt ihm den entschlüsselten Funkspruch:

> – I. und II. Aufklärungsgruppe, I. Führer der Torpedoboote und zwei Flottillen nach Wahl des Befehlshabers der Aufklärungsschiffe klären Doggerbank auf. Auslaufen heute abend in der Dunkelheit, Rückkehr am folgenden Abend in der Dunkelheit.

Zum ersten Mal empfindet Fregattenkapitän Erdmann eine unüberwindliche Abneigung gegen eine Unternehmung. Vielleicht deshalb, weil ein Schlachtkreuzer, *Von der Tann,* wegen Werftliegezeit fehlt, so daß nur vier Große Kreuzer auslaufen werden. Außerdem ist die Deckung durch das Gros ungewöhnlich schwach, weil die stärksten Linienschiffe, die *König*- und *Kaiser*-Klassen, zu Übungen in die Ostsee entsandt sind.
Der Kommandant läßt wieder ankerauf gehen, um sich den auf der Schillig-Reede sammelnden Streitkräften anzuschließen. Hier werden die letzten Vorbereitungen für den Kampf ausgeführt. Diesmal gehört auch dazu, daß bei allen Fahrzeugen der achtere Schornstein rot gestrichen wird.
Konteradmiral Hipper auf *Seydlitz* fährt zu persönlicher Rücksprache mit Ingenohl auf dessem zeitweiligen Flaggschiff *Deutschland* – *Friedrich der Grosse* ist ebenfalls in der Ostsee – und erfährt, es handele sich darum, bei Tagesanbruch vor der Doggerbank zu stehen, um die Art der britischen Bewachung festzustellen und leichte Bewachungsstreitkräfte zu überraschen. Auf jeden Fall müsse vermieden werden, daß bei Tagesanbruch feindliche Streitkräfte zwischen den Kreuzern und der Deutschen Bucht ständen.

Funkstille

In der Dunkelheit läuft die Unternehmung an.
Als Vorhut die Kleinen Kreuzer *Graudenz, Stralsund, Rostock* und *Kolberg* mit je einer Halbflottille von Torpedobooten. Drei Seemeilen hinter ihnen die Großen: *Seydlitz, Moltke, Derfflinger* und *Blücher.* Marschgeschwindigkeit 13 kn.
Es ist eine dunkle Nacht, der Himmel bedeckt, leicht diesig, mäßige See.
Vorne rauscht das monotone Schäumen der Bugsee, in den Ventilatorschächten braust der Luftzug.

Als der Funkoffizier der *Blücher* um zwei Uhr nachts abgelöst wird, geht er nicht gleich zur Koje, sondern in die Messe, wo einige Offiziere in ihren schweren Wachmänteln bei Bier und Zigaretten sitzen und lebhaft das alte, unerschöpfliche Thema diskutieren: Kommt es diesmal zum Kampf?

> – Na, Gebeschus, was ist los? fragt der behäbige, rundliche Erste Artillerieoffizier im Wachmantel, die Mütze auf dem breiten Schädel, das Artilleriedoppelglas vor dem Bauch. – Noch immer kein feindlicher Funkverkehr in der Nähe?
> – Nein! Es scheint mal wieder nichts zu werden. Fast völlige, ganz ungewöhnliche Funkstille.
> – Und trotzdem, oder gerade deswegen werden wir in ein paar Stunden am Feind sein. Das versuche ich schon dauernd Herrn Stabsingenieur Olderog klarzumachen.
> – Tatsächlich?
> – Sie brauchen gar nicht so ungläubig zu lächeln, lieber Gebeschus. Es stinkt erheblich in der Landschaft. Denken Sie an mich, wenn es soweit ist. Der Kommadant übrigens scheint auch zu ahnen, daß in ein paar Stunden der Teufel los sein wird.

Unwillig schaltet sich jetzt der leitende Ingenieur in die Unterhaltung:

> – Zum Teufel mit Ihren Vorahnungen, Herr Guischard, hören Sie doch endlich damit auf!

Ärgerlich steht er auf, trinkt sein Bier aus und geht.
Gebeschus ist neugierig geworden.

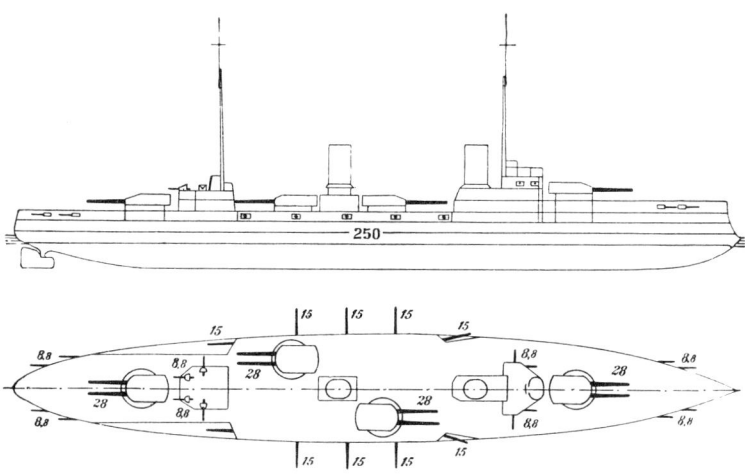

Von der Tann, der erste deutsche Schlachtkreuzer. Stapellauf 1909, 19 400 t, acht 280-mm- und zehn 150-mm-Geschütze, 27,5 kn, eine gute Konstruktion von K. Konow, Hans Bürkner und Tirpitz.

Im Juni 1911 erweckt *Von der Tann* in der internationalen Flottenrevue in England anläßlich der Krönungsfeierlichkeiten Georges V. und der Königin Mary allgemeine Neugierde. Kommandant auf dieser Reise ist Kapitän zur See Mischke – im Krieg Chef der Küstenschutzdivision der Ostsee – und als Gäste das Kronprinzenpaar, das den Kaiser vertritt.

Hipper muß es schmerzlich empfunden haben, als ihm beim Auslaufen nach der Doggerbank dieses Schiff wegen Instandsetzungsarbeiten auf der Werft fehlt. Lieber hätte er sicherlich auf *Blücher* verzichtet, die ein Übergangstyp vom Panzerkreuzer zum Schlachtkreuzer ist, Stapellauf 1908, 15 800 t, zwölf 210-mm- und acht 150-mm-Geschütze, 25 kn.

Blücher im Hafen. Backbord, achtern.

Blücher auslaufend. Hinter dem Großen Kreuzer die vier Schornsteine der *Stralsund*. Links Torpedoboote.

Linienschiffe und Kleine Kreuzer der Hochseeflotte klar zum Vorstoß auf Schillig-Reede.

– Meinen Sie wirklich, daß wir vor dem Feind stehen? Wie kommen Sie darauf?

– Ich meine es nicht nur. Ich weiß es, weil ich es fühle. Ich weiß aber noch mehr. Der *Blücher* macht soeben seine letzte Fahrt, und die letzte Fahrt mache auch ich.

Beide gehen zusammen zur Hauptfunkstation. Nichts Besonderes. Vor Gebeschus Kammer gibt der Artillerieoffizier ihm die Hand.

– Sie können beruhigt schlafen. Zwar müssen fast alle von uns daran glauben, Olderog auch, Sie aber kommen durch.

Die Burschen kommen wieder

Am gleichen Samstag um die Mittagszeit sitzt Churchill in seinem Amtszimmer, als Wilson unangemeldet eintritt. Hinter ihm kommt Oliver mit Karten und Dreiecken.

– Erster Lord, die Burschen kommen wieder heraus.

– Wann?
– Heute abend. Wir haben gerade noch Zeit, Beatty hinauszuschicken.

Diesmal wird nicht hin- und her erwogen. Drei vorbereitende Telegramme werden sofort geschickt.

An Jellicoe: »1., 2. und 4. Schlachtgeschwader, Panzerkreuzer und Kleine Kreuzer bereithalten zum Inseegehen heute abend.«

An Beatty: »Bereitsein, sofort mit allen Schlachtkreuzern, Kleinen Kreuzern und Zerstörern in See zu gehen. Weitere Befehle folgen.«

An Tyrwhitt: »Alle Ihre Zerstörer und Kleinen Kreuzer werden heute nacht gebraucht.«

In den näheren Befehlen wird gesagt: »Vier deutsche Schlachtkreuzer, sechs Kleine Kreuzer und 22 Zerstörer gehen heute abend nach der Doggerbank in See und kehren voraussichtlich morgen abend zurück. Treffpunkt für alle verfügbaren Schlachtkreuzer, Kleinen Kreuzer und Zerstörer aus Rosyth morgen 7 Uhr vormittags in 55°13' Nord, 3°12' Ost --.«

Am nächsten Morgen sind Churchill, Fisher, Wilson und Oliver so früh im Kriegszimmer versammelt, daß

Die britische Große Flotte geht in See. Rechts Jellicoes Flaggschiff *Iron Duke*.

in den verschiedenen Abteilungen noch die Nachtdiensthabenden anwesend sind.

Ihnen wird plötzlich ein Telegramm von der Flotte vorgelegt. Es kommt vom 1. Geschwader der Kleinen Kreuzer, ist an *Lion* (Beatty) und *Iron Duke* (Jellicoe) gerichtet und lautet: »Ab 7 Uhr 30 vorm. An 8 Uhr 01 vorm. Dringend. Feind in Sicht 54°54' Nord, 3°30' Ost, Kurs Ost. Schlachtkreuzer und Kreuzer, Anzahl unbekannt.«

Doggerbank

Als gerade der Morgen graut, erhält Konteradmiral Hipper die erste Nachricht über die Nähe der Gegner. Sie kommt von *Kolberg* aus der westlichen Seitendekkung: »Einzelne feindliche Streitkräfte in 020d.« Gleichzeitig eröffnet Widenmann das Feuer auf den Kleinen Kreuzer *Aurora* und Zerstörer. Es ist 08.15 Uhr.

Bald werden die gleichen Rufzeichen gehört, die am 16. 12. beobachtet wurden, so daß man auf das 2. Linienschiffsgeschwader schließt.

Mehrere Rauchwolken tauchen in Westsüdwest auf, aus ihnen kommen die Schlachtkreuzer *Lion*, Flagge des Vizeadmirals Beatty, *Tiger*, *Princess Royal*, *New Zealand*, *Indomitable* hervor – eine doppelte Übermacht mit überlegener Geschwindigkeit. *Lion* eröffnet den Kampf um 09.52 Uhr mit dem letzten Schiff der deutschen Linie *Blücher*.

Inzwischen ist Hipper auf Helgoland zugeschwenkt und hält den Befehlshaber der Flotte auf dem laufenden. Zu seinem Entsetzen erhält Ingenohl u.a. die Funksprüche: »Erbitte Geschwader und Flottillen« und »Brauche dringend Unterstützung«.

Jede Bereitschaftsmaßnahme ist versäumt. Die stärksten Linienschiffe sind doch in der Ostsee, der Schlachtkreuzer *Von der Tann* in der Werft, das aus den Vor-Dreadnought-Linienschiffen der *Deutschland*-Klasse bestehende II. Geschwader kann gegen moderne Großkampfschiffe nicht eingesetzt werden.

100

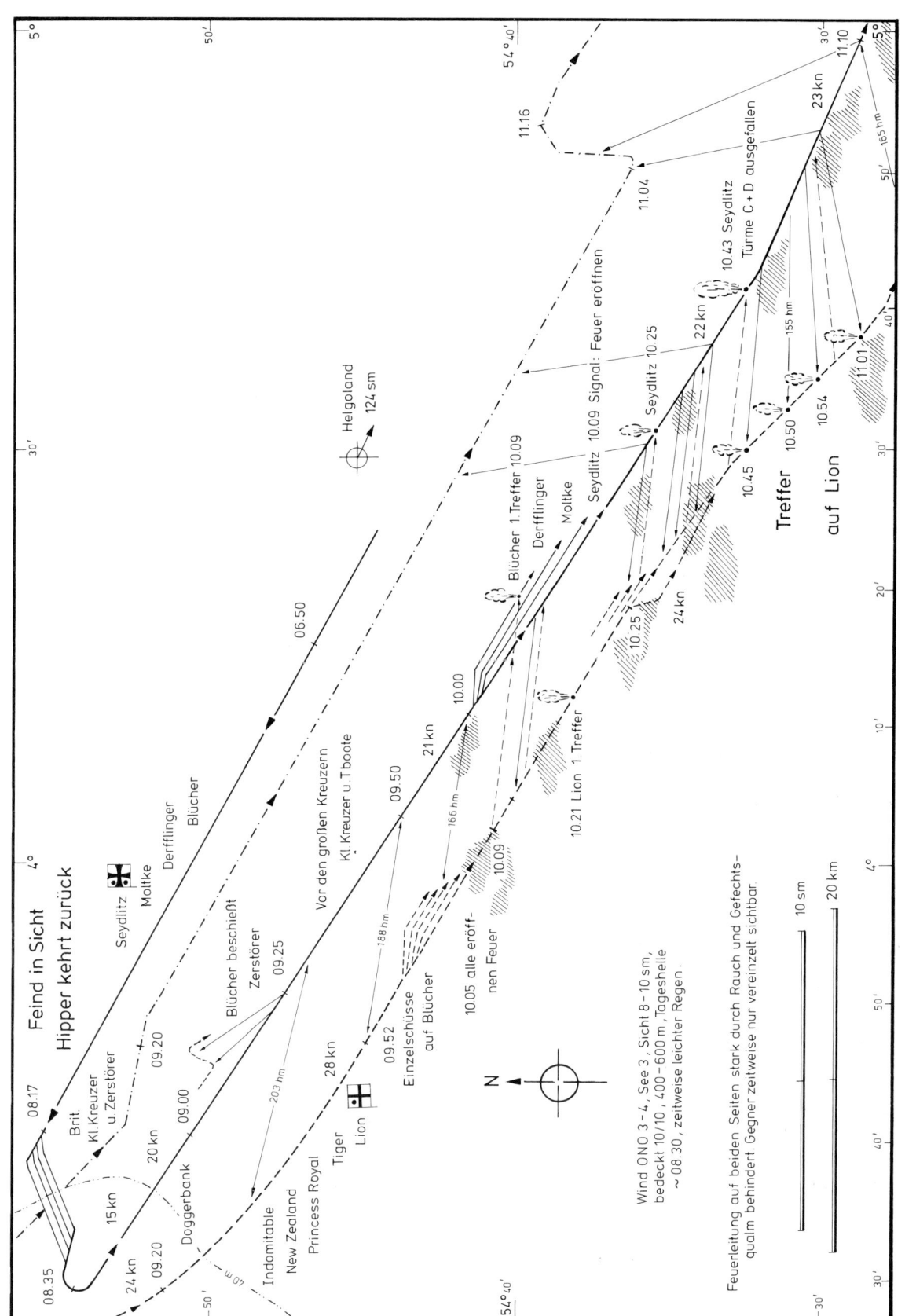

Beginn der Schlacht an der Doggerbank am 24. Januar 1915
Vizeadmiral Beatty — Konteradmiral Hipper

Feind in Sicht
Hipper kehrt zurück

Seydlitz
Moltke
Derfflinger
Blücher

Brit. Kl.Kreuzer u Zerstörer

Blücher beschießt Zerstörer

Vor den großen Kreuzern
Kl. Kreuzer u. Tboote

Einzelschüsse auf Blücher

10.05 alle eröff-
nen Feuer

Helgoland
124 sm

Blücher 1.Treffer 10.09
Derfflinger
Moltke
Seydlitz 10.09 Signal: Feuer eröffnen
Seydlitz 10.25
10.45
10.50
10.54
11.01
10.4.3 Seydlitz
Türme C+D ausgefallen
22 kn
23 kn
155 hm
165 hm

Treffer
auf Lion

10.21 Lion 1.Treffer

Tiger
Lion
Indomitable
New Zealand
Princess Royal

Doggerbank

08.17
08.35
24 kn
09.20
15 kn
20 kn
09.00
09.20
09.25
09.50
09.52
28 kn
21 kn
10.00
10.09
10.25
24 kn
203 hm
188 hm
166 hm
06.50
11.04
11.10
11.16

Wind ONO 3-4, See 3, Sicht 8-10 sm,
bedeckt 10/10, 400-600 m, Tageshelle
~ 08.30, zeitweise leichter Regen.

Feuerleitung auf beiden Seiten stark durch Rauch und Gefechts-
qualm behindert. Gegner zeitweise nur vereinzelt sichtbar.

10 sm
20 km

N

54° 40'
54° 40'

Einzelne Schiffe des I. Geschwaders, *Nassau*- und *Helgoland*-Klasse, müssen erst aus Wilhelmshaven ausgeschleust werden und sind nicht vor Mittag auf der Schilligreede zu erwarten. Nur U-Boote können wohl noch den Feind erreichen. Einige Boote laufen aus, kommen aber nicht zum Angriff.

So ist Hipper mit seinem verminderten Schlachtkreuzergeschwader sich selbst überlassen.

Auf höchste Schußentfernung wütet der Artilleriekampf der Riesen. Beide Flaggschiffe werden schwer getroffen. Auf *Seydlitz* fallen die hinteren Türme mit erheblichen Personalverlusten aus. *Lion* erleidet so schwere Schäden, daß sie Schlagseite bekommt, kaum noch Fahrt macht und in Schlepp genommen werden muß.

Beatty geht nach zwölf Uhr auf den Zerstörer *Attack*, um auf einen Schlachtkreuzer umzusteigen. Sein letztes Flaggensignal »Attack the enemy's rear!« (Schlußschiff oder -schiffe des Feindes angreifen!) wird falsch verstanden, weil die Flagge des früheren Kurssignals Nordost noch nicht niedergeholt ist und weil die Flaggen bei der herrschenden Windrichtung schlecht auszumachen sind. Daher wird der Kampf gegen *Seydlitz*, *Moltke* und *Derfflinger* aufgegeben und alle Schiffe richten ihr Feuer auf das letzte Schiff *Blücher*, das beschädigt in Nordost zurückgeblieben ist.

Als Beatty in einer halben Stunde auf *Princess Royal* die Führung vom 2. Admiral, Konteradmiral Moore, auf *New Zealand* wieder übernimmt und Hipper jagen will, ist es schon zu spät. Ohne weiter bekämpft zu werden, kehrt der deutsche Kreuzeradmiral nach Hause zurück.

»Bitte auf Gefechtsstationen, meine Herren!«

Als Oberleutnant Gebeschus morgens auf die Brücke kommt, bricht ein heller Wintermorgen mit klarer Sicht an. Der Verband hat den Rückzug mit äußerster Kraft angetreten. Das Schiff schwingt und zittert, lose Gegenstände klirren. An Steuerbord dampfen die eigenen Kreuzer und Torpedoboote auf, das Heck der Torpedoboote bei der hohen Fahrt tief in Schaum und Gischt eingesogen.

An Backbord achteraus ist Rauch und ein undeutliches Gewimmel von feindlichen Fahrzeugen auszumachen; die Offiziere versuchen, mit ihren Doppelgläsern die Art und Zahl festzustellen. In fröhlicher

Fregattenkapitän Erdmann, Kommandant des Großen Kreuzers *Blücher*.

Stimmung sind alle an dem Zahlenraten beteiligt. Schließlich fällt der Kommandant lachend die Entscheidung.

– Gebeschus! Lassen Sie an *Seydlitz* weitergeben: Achteraus in Sicht 7 feindliche Kleine Kreuzer und bis jetzt 26 Zerstörer. Weitere Rauchwolken dahinter.

Bald kommt vom Admiral die ersehnte Erlaubnis:

– *Blücher* Feuer eröffnen nach eigenem Ermessen.

102

Ende der *Blücher*. Überlebende laufen auf der Außenhaut des kenternden Schiffs. Rechts der Dreibeinmast. Aufnahme von einem britischen Zerstörer aus.

Nach einer Minute fegt der rostrote Rauch aus den erhobenen Rohren zweier Türme über das Wasser. An Backbord neben dem Kommandostand stehen die Offiziere, die Gläser an den Augen. Aus dem Artilleriestand die Meldung.

– Achtung ... Aufschlag.

Fast gleichzeitig schnarrt die Aufschlagmeldeuhr. Beim Gegner stehen vier hohe Wassersäulen, aber zu kurz und zu weit rechts. Nachdem Guischard die Höhen- und Seiteneinstellung der Geschütze korrigiert hat, folgt eine neue Salve auf 10 km Entfernung, und das Ziel, ein Zerstörer, dreht auf Gegenkurs hart ab. Er bleibt mit seinen Kameraden außerhalb der Reichweite der *Blücher*-Geschütze.

Plötzlich eine starke, dumpfe Detonation an Steuerbord. Alles eilt hinüber. Dort sieht man nur die eigenen Torpedoboote mit ihren Führerkreuzern.

Dann wieder eine ähnliche Detonation. In 1 km Abstand eine große Wassersäule, die in sich zusammenfällt. Ein neuer, gefährlicher Gegner hat sich zur Stelle gemeldet.

Fregattenkapitän Erdmann tippt mit dem Finger lächelnd an den Mützenschirm.

– Bitte auf Gefechtsstationen, meine Herren!

Er geht den anderen voraus in den Kommandostand. Hinter ihnen schließt sich die schwere Panzertür. Niemand lacht mehr.

Laufend rollen die Salven der ganzen Linie. Der erste Treffer auf *Blücher* landet auf der Back zwischen den beiden Ankerklüsen. Dann folgen weitere. Verhängnisvoll ist die Granate, die um halb zwölf Uhr die Munitionstransportbahn im Mittelgang trifft. Kommandoelemente, Feuerleitungsapparate fallen aus, Splitter durchschlagen die Hauptdampfrohrleitung im dritten Heizraum, so daß der Dampfdruck zur Maschine fällt, schwerer Brand lodert in der Mitte des Schiffes auf.

Gebeschus soll an *Seydlitz* sofort geben: »Maschinen bekommen keinen Dampf.« Eine Signalbuchgruppe mit diesem Text gibt es nicht. Um keine Zeit zu verlieren, will er das Signal nicht Wort für Wort buchstabieren, sondern läßt die chiffrierte Gruppe NDA mit dem Inhalt »alle Maschinen manövrierunfähig« geben.

Das Schiff kann nur noch 17 kn laufen. Keine Macht kann es noch retten. Alle britischen Schlachtkreuzer –außer *Lion* – beteiligen sich an dem Zerstörungswerk. Etwa hundert Granaten und sieben Torpedos beenden um dreizehn Uhr in 54° 20′ Nord 5° 43,5′ Ost, 85 Seemeilen nordwestlich von Helgoland die Laufbahn der *Blücher*. Von der 1028 Mann starken Besatzung retten die Briten aus dem eiskalten Wasser 281, unter ihnen den Kommandanten und seinen Funkoffizier. Diese werden auf den Zerstörer *Goshawk* genommen.

Der Zerstörerkommandant überläßt Fregattenkapitän Erdmann seine Kammer, und als dieser am nächsten Morgen in Queensferry von Bord geht, um mit den anderen Geretteten ins Militärkrankenhaus in Edinburgh-Castle eingeliefert zu werden, wird Seite gepfiffen und die Offiziere salutieren.

Admiral v. Ingenohl und Vizeadmiral Eckermann verabschiedet

Der schwere Verlust für die deutsche Flotte, verursacht durch die fehlerhafte Anlage der Unternehmung – führt zur Verabschiedung des Chefs des Stabes der Hochseeflotte, Vizeadmiral Eckermann, der die Operation vorgeschlagen hat, und des Befehlshabers der Flotte, Admiral v. Ingenohl, der sie trotz Bedenken gebilligt hat.

Der größte Fehler war jedoch, daß der Befehl für Hipper zur Aufklärung der Doggerbank unnötigerweise durch Funkspruch gegeben wurde, obgleich in der Flotte schon längere Zeit vermutet wurde, daß die Briten deutsche Funksprüche entziffern konnten und diese Vermutungen am 16. Dezember bekräftigt wurden. Hätte die britische Admiralität nicht das Signalbuch der *Magdeburg* gehabt, hätte sie nichts von der deutschen Unternehmung gewußt und es hätte kein Kampf an der Doggerbank stattgefunden.

März 1915

Von Coronel nach Falkland

Nach dem Sieg bei Coronel besuchen alle fünf Kreuzer des Geschwaders Spee Valparaiso und werden von den Deutschen gefeiert.
Der Marineattaché v. Knorr in San Francisco ist beunruhigt.

> – Falls Kreuzergeschwader sich entschließt heimzukehren, so telegrafiert er dem Admiral, halte sofortige Ausführung für empfehlenswert, da meines Erachtens Kreuzergeschwader in gefährlicher Lage.

Aber noch fünf Wochen später befindet sich das Geschwader erst bei der Südspitze Südamerikas, bereit, seinen Marsch in den Atlantik anzutreten. Im Admiralssalon der *Scharnhorst* haben sich die Kommandanten eingefunden, um von den nächsten Plänen des Befehlshabers zu hören.

> – Falls keine besonderen Nachrichten eintreffen, beginnt Vizeadmiral v. Spee, könnten wir möglicherweise auf der Fahrt nach dem Kap Dos Bahias eine Unternehmung gegen die Falklandinseln ausführen, mit dem Ziel, die Funkstation und das Marinearsenal zu zerstören sowie – als Gegenmaßnahme gegen die Gefangennahme und unwürdige Behandlung des Gouverneurs von Samoa – den Gouverneur gefangenzunehmen. Mit der Ausführung werden *Gneisenau* und *Nürnberg* beauftragt, die am Tage der Unternehmung so früh entsandt werden sollen, daß sie um acht Uhr vor der Hafeneinfahrt von Port William stehen können.

Für die Unternehmung treten der Stabschef Fielitz und der Kommandant v. Schönberg der *Nürnberg* ein, während die Kommandanten der *Gneisenau*, Maerker, der *Dresden*, Lüdecke, und der *Leipzig*, Haun, dagegen sind.

Scharnhorst (links), *Gneisenau* und *Nürnberg* in Valparaiso nach dem Sieg vor Coronel.
Im Vordergrund chilenische Kriegsschiffe, die Panzerkreuzer *Esmeralda* und *O'Higgins*, Kleiner Kreuzer *Blanco Encalada* und Linienschiff *Capitan Prat*.

– Die Nachricht von dem Abmarsch der britischen Streitkräfte nach Südafrika, sagt Haun, stellt offenbar eine planmäßige Falschmeldung dar, der das Geschwader am besten dadurch begegnet, daß es etwa hundert Seemeilen östlich der Inseln passiert und danach überraschend vor dem La Plata erscheint.

Zwei Tage später, am 8. Dezember 1914 morgens, nähert sich das Geschwader auf dem weiten Ozean den Falklandinseln. Über Port Stanley liegt dichter Rauch. Anscheinend haben die Briten ihre Vorräte angezündet, damit sie nicht in Feindeshand fallen, aber bald beginnt sich die Wolke zu teilen, und aus dem Hafen, wo keine nennenswerten Schiffe sein sollten, wandern mehrere Masten und Schornsteine der Ausfahrt zu. Anstatt eine friedliche Schwalbenfamilie vorzufinden, stößt man auf ein lebensgefährliches Wespennest.

Eine unheimliche Beobachtung drängt zu schnellster Flucht. Zwei Schiffe haben Dreibeinmasten. Das bedeutet Schlachtkreuzer mit überlegener Geschwindigkeit und Bewaffnung. Es beginnt eine stundenlange Jagd. Langsam nimmt die Entfernung ab. Der Himmel bleibt blau und gibt keine Hoffnung auf Nebel oder Regen.

Über dem einen großen Verfolger steigt eine braune Wolke hoch. Er hat geschossen. Eine bange Minute verstreicht. Das mächtige Geschoß brummt heran und schlägt mit einem dumpfen Knall hinter *Leipzig* ins Wasser ein. Dann folgen weitere hohe Wassersäulen. Der Gegner tastet sich mit Einzelschüssen an das Ziel. Auf *Scharnhorst* flattern Signalflaggen. »*Leipzig* detachiert.« Und bald darauf: »Kleine Kreuzer detachiert.« Spee dreht mit *Scharnhorst* und *Gneisenau* gegen die beiden Schlachtkreuzer. Er will den Kleinen Kreuzern eine Möglichkeit zum Entkommen schaffen. Auf der Brücke der *Dresden* hört man eine tiefernste Stimme geloben:

– Wenn die beiden Panzerkreuzer glücklich aus der Schlacht kommen, gehe ich wieder in die Kirche.

Die Leute der *Dresden* werden nicht diesen, sondern einen anderen Grund zum Kirchgang haben. Ihr Kreuzer ist der einzige, dem es gegen Abend gelingt, bei dem endlich trüber werdenden Wetter aus der Sicht des Feindes zu kommen.

Vizeadmiral Graf von Spee in Valparaiso am 3. November 1914. Rechts sein Flaggleutnant, Oberleutnant zur See Schliep, und der chilenische Komplimentieroffizier. In Zivil: der deutsche Gesandte von Erckert links und der Generalkonsul Gumprecht.
Am 1. November hat Spee das britische Kreuzergeschwader des Konteradmirals Cradock bei Coronel geschlagen.

Kleiner Kreuzer *Dresden* in Valparaiso am 13. November 1914. Stapellauf 1907, 3 650 t, 24 kn, zwölf 105-mm-Geschütze, zwei Torpedorohre, Besatzung 361 Mann. — Schwesterschiff *Emden*.

Ende Juli ist *Dresden* auf dem Heimweg von der mexikanischen Küste, als vom Admiralstab der Befehl kommt: »Nicht heimkehren. Drohende Kriegsgefahr. Kreuzerkrieg führen.« *Dresden* schließt sich dem Geschwader Spee an und beteiligt sich am Kampf bei Coronel und Falkland.

Auf *Gneisenau* glaubt man Spees Flagge auf dem Schwesterschiff halbstocks ausmachen zu können. Da Maerker der älteste Kommandant des Geschwaders und damit in Stellung des zweiten Admirals ist, läßt er den Winkspruch machen:

- *An Scharnhorst.* Warum ist die Admiralsflagge halbstocks? Ist der Admiral tot?
- Admiral an Kommandant. Bis jetzt geht es mir noch gut. Haben Sie etwas getroffen?
- Kommandant an Admiral. Hier konnte wegen Rauchs nichts beobachtet werden.
- Admiral an Kommandant. Sie haben doch recht gehabt.

Dies ist der letzte Signalwechsel der beiden Seeoffiziere.

Scharnhorst sinkt mit der ganzen Besatzung. Auf *Gneisenau* und *Nürnberg* folgen Spees Söhne Hein-rich und Otto ihrem Vater in die Tiefe. Unter den Geretteten der *Gneisenau* befinden sich nicht der ehemalige *Magdeburg*-Kommandant Maerker und sein Adjutant v. Lemcke.

»Zimmer 40« greift an

Zwei Monate spielt Lüdecke Versteck mit den Gegnern in den südamerikanischen Buchten und bricht dann nach dem Stillen Ozean durch.

Auf der unendlichen Wasserwüste ist es den fahnden-den britischen Kreuzern schier aussichtslos, Spees letzten Kreuzer zu finden, bis »Zimmer 40« seinen Aufenthaltsort ausfindig macht.

Als Lüdecke den deutschen Dampfer *Gotha* zum 5. März 1915 zu einem Treffpunkt bestellt hat, wird der Geheimtext des Funkspruchs von der Gruppe

Vizeadmiral Sir F.C. Doveton Sturdee, der Sieger der Falkland-Schlacht. Die Aufgabe, das Geschwader Spee aufzufinden und zu vernichten, wird ihm entscheidend erleichtert, weil sich das Geschwader den Falklandinseln nähert, wo Sturdee am Vortag angekommen ist.

Ewing entschlüsselt. Panzerkreuzer *Kent* wird am nächsten Tag befohlen, den Punkt anzulaufen. Nach 36stündiger Fahrt mit 17 kn trifft er am 8. nachmittags dort ein und sichtet das drei Monate gejagte Wild.

Dresden hat Dampf auf nur für 14 kn und ist fast verloren. Als alle Kessel Dampf erzeugen, beginnt die Entfernung jedoch zuzunehmen, und bei Einbruch der Dunkelheit sind nur noch die Masten und Schornsteine des Gegners sichtbar.

Am nächsten Morgen ankert Lüdecke in der Cumberlandbucht der Insel Mas a Tierra (Juan Fernandez) vierhundert Meter von Land.

Eingeborene des einsamen Eilands umschwärmen in ihren Booten das fremde Kriegsschiff und bieten Früchte und Fische an. Die Besatzung erhält willkommene Ruhetage. Divisionsweise zieht man in weißem Tropenanzug singend durch die märchenhafte Insel. Sie soll die berühmte Robinson-Crusoe-Insel sein, und auf einer Tafel ist zu lesen, daß hier tatsächlich ein Robinson gelebt hat, ein Seelkirk, der, von der meuternden Besatzung seines Schiffs abgesetzt, vier Jahre hier hauste, bis ein britisches Kanonenboot ihn erlöste.

Der Hafenkapitän kommt an Bord und teilt Lüdecke mit, das Schiff müsse nach 24 Stunden den Hafen verlassen oder interniert werden.

Sturdees Flaggschiff Schlachtkreuzer *Invincible* mit gesetzten Toppflaggen jagt mit überlegener Geschwindigkeit von 25 kn *Scharnhorst* und *Gneisenau*. Der britische Verband umfaßt ferner den Schlachtkreuzer *Inflexible*, die Panzerkreuzer *Carnarvon, Cornwall* und *Kent* sowie die Kleinen Kreuzer *Glasgow* und *Bristol*, eine erhebliche Übermacht gegen Spees zwei Panzerkreuzer und drei Kleine Kreuzer.

Dresden auf dem letzten Ankerplatz.

Infolge Maschinenschadens und Kohlenmangels ist *Dresden* nicht mehr voll gefechtsfähig und erhält vom Kaiser die Erlaubnis, sich aufzulegen. Man wartet auf ein chilenisches Kriegsschiff zur Durchführung der Internierung. Der Kommandant entläßt vier Offiziere, die über Valparaiso nach Europa reisen.

Flagge und Wimpel wehen

Am Samstagabend, dem 13. März, wird lebhafter englischer Funkverkehr beobachtet, und am nächsten Morgen kommt die im Vorpostendienst befindliche Dampfpinasse eilends mit der Meldung zurück, ein Kreuzer der *Newcastle*-Klasse nähere sich vom Westen. Insgesamt sammeln sich drei Briten, der Kleine Kreuzer *Glasgow*, der Panzerkreuzer *Kent* und der Hilfskreuzer *Orama*. Sie setzen die Toppflaggen und eröffnen das Feuer.

Dresden kann nur mit den Achtergeschützen antworten. Sie ist ein unbewegliches Ziel. Im Hinterschiff bricht Feuer aus, das schnell um sich greift. Als kein Geschütz den Feind mehr erreichen kann, entschließt sich Lüdecke, seinen Kreuzer zu versenken. Um das feindliche Feuer zum Schweigen zu bringen, läßt er die weiße Flagge heißen und gleichzeitig mit Flaggen das Signal machen:

– Werde einen Unterhändler schicken.

Der sprachgewandte Adjutant, Oberleutnant zur See Canaris – der spätere Admiral – fährt mit der Dampfpinasse zum britischen Befehlshaber, Kapitän Luce, auf *Glasgow*. Er macht die Briten darauf aufmerksam, daß *Dresden* in neutralen Gewässern liegt und wegen Maschinenschadens nicht auslaufen kann.

Luce erwidert, die britischen Schiffe hätten Befehl erhalten, die *Dresden* zu vernichten, wo immer sie sie anträfen. Alles übrige würden die entsprechenden Re-

109

gierungen regeln. Hat der Kreuzer die Flagge gestrichen?

– Nein. Die Kriegsflagge weht an der Fockrah, und auch der Wimpel und die Gösch sind unverändert vorhanden.

Nach Einstellung des Feuers wird die Ausschiffung der Verwundeten und der übrigen Mannschaften eingeleitet. Die große Schar der Heizer ist bereits beim Beginn des Schießens an Land gebracht worden.

Ein englischer Kutter legt an der Backbordseite an und ein Arzt erklimmt das Seefallreep. Mit seinem Personal bietet er ärztlichen Beistand an, was dankbar angenommen wird. Die 29 Verwundeten liegen an Land im Schatten blühender Feigenbäume. Sieben sind gefallen, einer ist vermißt.

Nachdem die Sprengpatronen angeschlagen und die Ventile geöffnet sind, verläßt der Kommandant mit den letzten Leuten das Schiff. Nach zwei starken Detonationen steigt eine dicke, gelblich braune Sprengwolke hoch. Der letzte Kreuzer des Geschwaders Spee sackt vorn tiefer und tritt mit wehender Flagge seinen Weg in die Tiefe an, begleitet von drei Hurras und dem alten Lied »Es braust ein Ruf wie Donnerhall«. Es ist der 14. März 1915, um 11.15 Uhr.

Die Verwundeten werden auf dem Hilfskreuzer *Orama* nach Valparaiso ins deutsche Krankenhaus gebracht.

Die Inselbewohner nehmen sich der Besatzung freundlich an, bis die chilenischen Kreuzer *Esmeralda* und *Zenteno* sie zunächst nach Valparaiso überführen. Quiriquina, in der Bucht von Concepcion, wird ihre Internierungsinsel.

Von Südamerika nach Europa

Die neue Heimat der *Dresden*-Besatzung hat viele Mängel. Es gibt Arbeit in Hülle und Fülle. Tag für Tag wird gezimmert, geklopft, gegraben. Aus dem Nichts entsteht ein niedliches Dorf, das von Besuchern bewundert wird.

Nur die Freiheit fehlt. In den endlosen Kriegsmonaten werden Pläne ausgebrütet, in die eigene entfernte Heimat zurückzugelangen. Einzeln oder in kleinen Gruppen entweichen Männer, als erster Offizier Canaris.

Die Vorbereitungen des Oberleutnants zur See Schenk werden im Herbst 1916 abgeschlossen, und eines Tages ist auch er nicht mehr zu sehen.

Sein erstes Ziel ist die Hafenstadt Buenos Aires an der argentinischen Ostküste; von dort soll der entscheidende große Sprung über den Ozean gewagt werden. Mit falschem Paß des dänischen Ingenieurs Jens Knudsen in der Tasche, reitet er tagelang, wochenlang durch Wälder und über die Kordilleren. An einem Fluß begegnet er unerwartet vier seiner Matrosen, die bei einem früheren deutschen Soldaten in sehr primitiven Verhältnissen wohnen. Die letzten zwanzig Stunden der Reise an die Küste legt Schenk mit der Bahn zurück.

In Buenos Aires bedarf es langwieriger Bemühungen, ein skandinavisches Schiff zu finden, das nach Norwegen segeln soll und dessen Kapitän ihn gegen gute Bezahlung mitnehmen will. Als solches erweist sich schließlich im Februar 1917 die Bark *Princess of Ireland* von 1200 Tonnen. Schenk wird Kajütenjunge des schwierigen Kapitäns, der immer betrunken ist. Er nimmt auch an vielen anderen Arbeiten teil und wird von der Besatzung gut aufgenommen.

Im April werden die Azoren erreicht und im Mai, auf der Höhe von Irland, wird der Segler von einem britischen Bewachungsschiff angehalten. Es schickt ein Prisenkommando an Bord, das das Schiff zur Untersuchung nach Stornoway, Hebriden, führen soll. Der junge Leutnant des Prisenkommandos versteht nicht viel vom Seefahren und wird überrascht, als die Bark anstelle der Hebriden in Ålesund einläuft. Auf der Bahnfahrt von Norwegen nach Deutschland hat der glückliche Schenk keine Schwierigkeiten mehr.

Einem Teil der *Dresden*-Besatzung bietet sich die Gelegenheit, die Heimfahrt auf der kleinen 64 Jahre alten Bark *Tinto* zu wagen.

Trotz Wachsamkeit der chilenischen Behörden und Schnüffeleien fremder Agenten gelingt es, die Vorbereitungen zu vollenden und im Gebiet Valparaiso in See zu gehen.

Der erste Sturm wird vor Kap Hoorn erlebt. Die Sturmstimme soll den Leuten noch wohlbekannt werden. Vom gewöhnlichen Pfeifen schraubt sich der Ton bis zum grellen Schrillen in die Höhe. Das Schiff arbeitet so stark, daß man jeden Augenblick sein Auseinanderbersten erwarten kann. Die Segel werden bald zu Fetzen, die an ruhigen Tagen der mit Nähnadeln bewaffneten Besatzung viel zu tun geben.

Auf der Stelle, wo *Scharnhorst* und *Gneisenau* mit vielen guten Kameraden seit zwei Jahren ruhen, wird eine stille Erinnerungsstunde gefeiert.

Nachts wird ohne Lampen gefahren, und hoch auf der Oberbramrah befindet sich ein Ausguck, damit man Schiffen rechtzeitig aus dem Weg gehen kann. Viele Segelschiffe und Dampfer werden gesichtet, und der Funkverkehr britischer Kreuzer, bisweilen ganz nahe, wird gehört.

Eines Frühlingssonntags erscheinen plötzlich zwei Kriegsschiffe, ein Hilfskreuzer und ein Panzerkreuzer, der als *Minotaur* erkannt wird. Der Hilfskreuzer dreht querab und begleitet den Segler auf gleicher Höhe. Dann beginnt das Fragen mit Signalflaggen.

– Wer seid ihr?

Langsam und umständlich gehen die Unterscheidungssignale der *Eva* aus Langesund hoch.

– Welche Ladung habt ihr?
– Ballast.
– Von welchem Hafen kommt ihr?
– Birkenhead bei Liverpool.
– Wohin fahrt ihr?
– Kristiansund.

Auch der Panzerkreuzer kommt näher und betrachtet die Bark mißtrauisch. Alles scheint jedoch echt norwegisch zu sein und er zieht seines Weges. Zum Dank tippt der Segler die norwegische Flagge dreimal und der Brite antwortet durch langsames Senken seiner Flagge.

Eine Woche später, am letzten März 1917, wird *Tinto* von einem norwegischen Lotsen in Drontheim hineingelotst. Die viermonatige mühselige und gefahrvolle Seereise ist erfolgreich beendet.

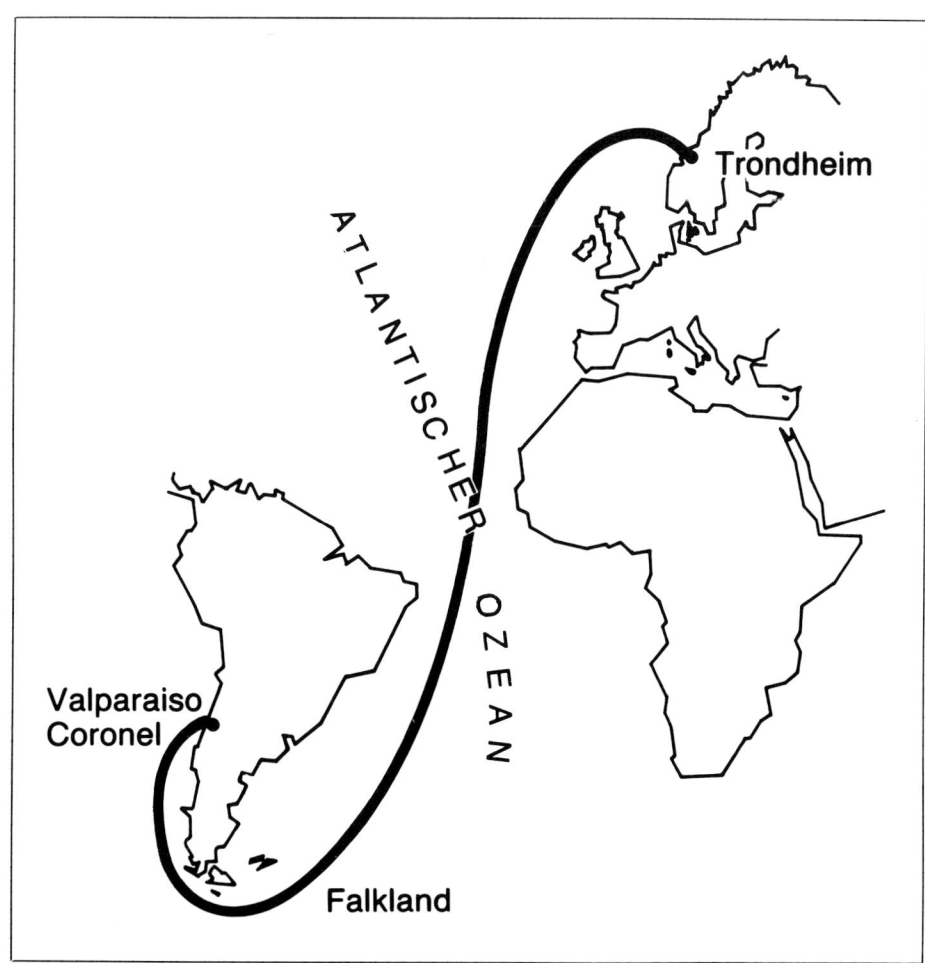

Die 12 000 Seemeilen lange
Fahrt der *Tinto*.

Mai 1916

Skagerrak

– 31. Mai Gg 2490.

Dieses Signal serviert »Zimmer 40« am 30. Mai 1916.
Es ist den Verbänden der Hochseeflotte zugegangen
und scheint zu bedeuten, daß morgen der ganz geheime Operationsbefehl Nr. 2490 ausgeführt werden soll.
Anscheinend läuft eine größere Unternehmung an.
Sobald Admiral Jellicoe dies erfährt, läßt er das Flaggensignal heißen:

– An alle. Klar zum Auslaufen aus Scapa mit
Ausnahme von *Royal Sovereign* und *Menelaus*.

Bald darauf folgt der Funkspruch:

– An Minensucher. Flotte geht in See zwischen
22.30 Uhr und 23.30. Kurs 84° von Pentland
Skerries. Aus dem Weg gehen.

Und beim Ankerlichten:

– An alle. Funkstille, ausgenommen beim Sichten
des Feindes oder in Erwiderung auf Funksprüche des Admirals.

Gleichzeitig gehen Beatty mit Schlachtkreuzern aus
Rosyth und Jerram mit einem Linienschiffsgeschwader aus Invergordon in See. Alle Streitkräfte sollen
sich nächsten Tag nachmittags vor dem Skagerrak
sammeln.
Es gibt kein weiteres Zeichen von Tätigkeit der Hochseeflotte. Gegen Mittag am letzten Mai fragt der Chef
der Operationsabteilung der Admiralität, Kapitän
Jackson, »Zimmer 40«, ob Scheers Flaggschiff, Rufzeichen DK, gepeilt sei und erhält den Bescheid, daß
es zuhause sei. Ist alles nur ein Bluff?
Nach 14 Uhr am 31. Mai schwenkt Beatty auf Nordkurs, um sich befehlsgemäß mit Jellicoe zu vereinigen.

Einleitung der Schlacht vor dem Skagerrak am 31. Mai 1916 vom britischen Zerstörer *Champion* aus gesehen.
Zerstörervorhut der Schlachtkreuzer. Im Hintergrund die sechs Schlachtkreuzer von rechts *Lion*, Flagge des Vizeadmirals
Beatty, *Princess Royal*, *Queen Mary*, *Tiger*, *New Zealand* und *Indefatigable*.
Der Kampf entbrennt mit den fünf deutschen Schlachtkreuzern *Lützow*, *Derfflinger*, *Seydlitz*, *Moltke* und *Von der Tann*.
Indefatigable fliegt im Feuer der *Von der Tann* in die Luft, *Queen Mary* im Feuer von *Derfflinger* und *Seydlitz*.

Schlachtkreuzer *Seydlitz* mit einundzwanzig schweren Artillerietreffern und einem Torpedotreffer nach der Skagerrak-schlacht in der Wilhelmshavener Südschleuse der dritten Einfahrt. Tiefgang vorn 13 m. Das Schiff schwimmt vorn nur noch auf dem Torpedobreitseitraum. Zur Erleichterung sind bei Turm Anna Turmdecke und beide Rohre bereits weggenommen.

Wahrscheinlich wären beide gegnerischen Flotten außer Sichtweite passiert, wenn nicht ein dänischer Frachter unbewußt in den Lauf der Seekriegsgeschichte eingegriffen hätte. *U. Fjord* wird vom westlichen Flügelkreuzer der deutschen Vorhut *Elbing*, Kommandant Korvettenkapitän Madlung – noch vor kurzem Erster Offizier der *Goeben* – gesichtet, und zwei Torpedoboote werden zur Untersuchung entsandt. Als der Däne stilliegt und weißen Dampf abbläst, wird man auf dem britischen östlichen Flügelkreuzer *Galatea* neugierig. Warum ist der Vertreter des Wirtschaftslebens stehengeblieben? Der Kreuzer dreht auf ihn zu und kann bald an die Schlachtkreuzerflotte mit Scheinwerfer melden:

> – Zweischornsteinschiff hat Dampfer angehalten in OSO 8 sm ab. Suche Fühlung.

Zehn Minuten später mit Flaggen:
> – An alle. Feind in Sicht. Zwei deutsche Kreuzer gesichtet in Ost.

Und nach weiteren zwanzig Minuten mit Funk:
> – An die Schlachtkreuzerflotte. Dringend. Habe gesichtet starke Rauchwolken wie von einer Flotte in ONO. Mein Standort ist 56° 50' N, 5° 19' O.

Der ersten Fühlung der leichten Streitkräfte folgt der Kampf der Schlachtkreuzer, und gegen Abend eröffnen Jellicoes und Scheers Hauptkräfte das Feuer. Daß sich auch das deutsche Gros in See befindet, obgleich sein Flaggschiff in Wilhelmshaven gepeilt wurde, ist eine erhebliche Überraschung, die erst viel später ihre Erklärung findet. Beim Auslaufen hat *Friedrich der*

Detonation des Schlachtkreuzers *Queen Mary* im Feuer von *Seydlitz* und *Derfflinger*. Links *Princess Royal*.

Admiral Sir John Jellicoe, Befehlshaber der Großen Flotte.

Grosse ihr Rufzeichen mit dem der dritten Wilhelmshavener Einfahrt getauscht.

An dieser bisher größten Seeschlacht der Geschichte beteiligen sich auf britischer Seite 150 Fahrzeuge. Wollen wir nur die wichtigsten zählen, so haben wir 28 Linienschiffe und 9 Schlachtkreuzer, also 37 Großkampfschiffe, Dreadnoughts. Auf deutscher Seite sind die entsprechenden Ziffern nur 99 Fahrzeuge, davon 16 + 5 = 21 Großkampfschiffe.

Die britische Überlegenheit wird einigermaßen dadurch ausgeglichen, daß die deutschen Großkampfschiffe widerstandsfähiger sind, wirkungsvollere Geschosse haben und genauer schießen. Zwei deutsche Schlachtkreuzer werden schwer beschädigt. *Seydlitz* erreicht dennoch nach großen Anstrengungen und mühseligen Dichtungsarbeiten am 2. Juni bei Hellwerden Wilhelmshaven und wird instandgesetzt. Die Beschädigungen der *Lützow* unterscheiden sich nicht wesentlich von denen der *Seydlitz*. Das Schiff wird aber gegen Morgen des 1. Juni auf Befehl des Kommandanten versenkt, als ein Angriff britischer Zerstörer

gemeldet wird, was sich zu spät als falscher Alarm herausstellt. Dies ist der einzige Verlust an Großkampfschiffen der deutschen Flotte im ganzen Krieg. Die Briten verlieren drei Dreadnoughts in der Skagerrakschlacht: *Indefatigable*, *Queen Mary* und *Invincible*. An empfindlichen Stellen getroffen, gehen sie durch starke Explosionen unter.

Vor Einbruch der Nacht am 31. Mai zieht sich Scheer zurück und tritt den Rückmarsch an.
Frühmorgens läßt Beatty seinen Schlachtkreuzern mitteilen:

> – Wir hoffen heute die ganze deutsche Flotte abzuschneiden und zu vernichten.

Sie wird aber nicht mehr gefunden, teilweise deswegen, weil Jellicoe nicht alle Nachrichten des »Zimmer 40« erhält und weil er nicht an alle erhaltenen Nachrichten glaubt. Damit verliert er die einzige Gelegenheit, ein neuer Nelson zu werden und einen kriegsentscheidenden Sieg davonzutragen.

Kaiser Wilhelm II. besichtigt die Flotte nach der Skagerrakschlacht in Wilhelmshaven am 5. Juni 1916.

Januar 1917

Zimmermann-Telegramm

Am 24. Januar 1917 vormittags erhält der amerikanische Außenminister ein kurzes Telegramm vom Botschafter Page in London.

– In etwa drei Stunden sende ich Ihnen ein Telegramm von großer Bedeutung für Präsidenten und Außenminister.

Das Telegramm kommt abends an. Darin erklärt Page, Außenminister Lord Balfour habe ihm den Text eines verschlüsselten deutschen Telegramms des Staatssekretärs im Auswärtigen Amt Zimmermann an den Botschafter Graf von Bernstorff in Washington überreicht, der den Text dem Gesandten von Eckhardt in Mexico City weitersenden soll. Bernstorffs Kabeltelegramm sei wohl im Telegrafenamt in Wa-

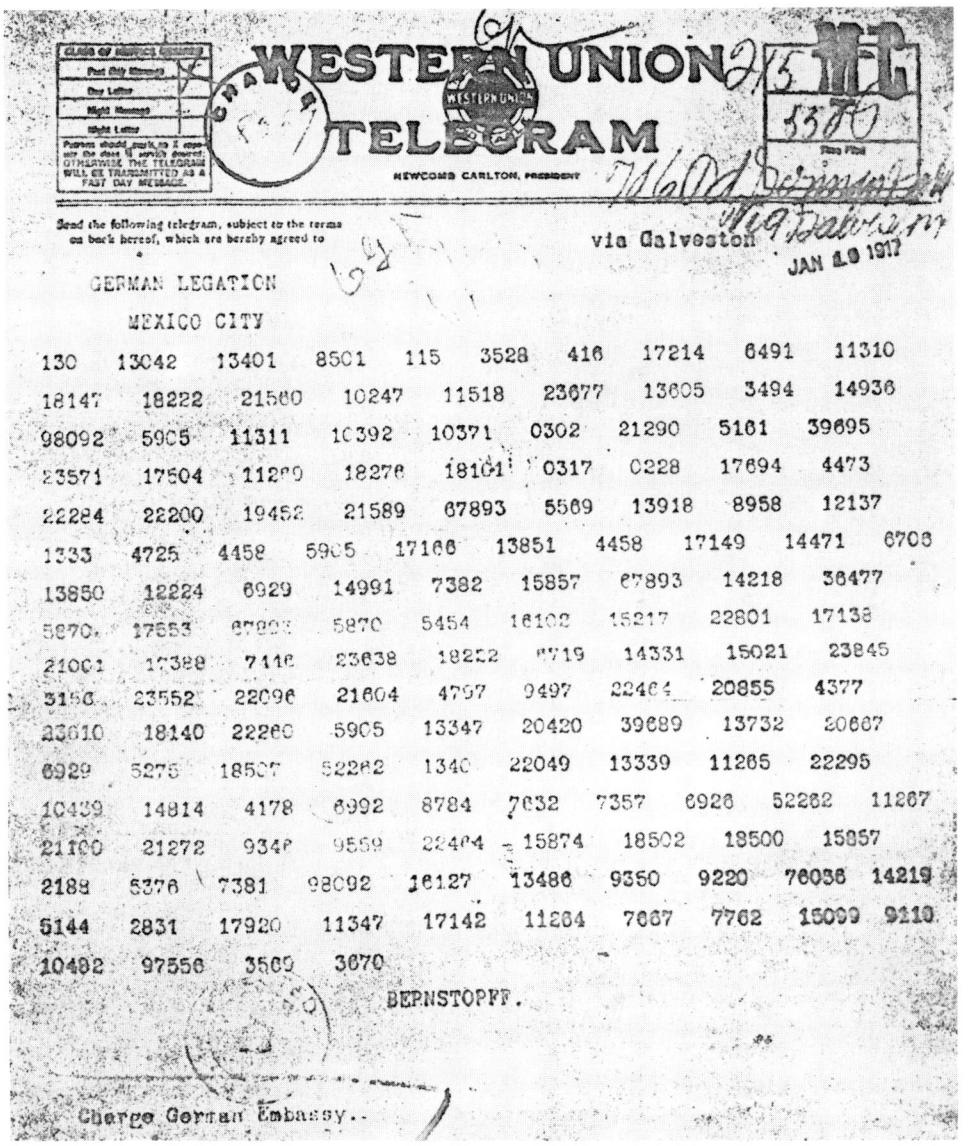

Das Telegramm des deutschen Staatssekretärs des Auswärtigen Amts, Zimmermann, wie es am 19. Januar 1917 vom Botschafter Graf von Bernstorff in Washington an den Gesandten von Eckhardt in Mexiko City weitergesandt wird.
(William F. Friedman & Charles J. Mendelsohn: The Zimmermann Telegram.)

shington erhältlich. Der verschlüsselte Originaltext kommt mit der Post. Jetzt folgt nur die englische Übersetzung.

Später sagt Balfour, das entschlüsselte Telegramm stamme vom »Zimmer 40«, wo »Ewing – dem das Land zu einem ungeheuren Dank verpflichtet ist – der leitende Geist ist«.

Der Staatssekretär des Auswärtigen Amts, Zimmermann, regt in seinem Telegramm für den Fall eines Kriegseintritts der USA ein deutsch-mexikanisch-japanisches Bündnis an. Dabei solle Mexiko die Gebiete zurückbekommen, die es 1845/48 an die USA verloren hat. Der am 1. Februar beginnende uneingeschränkte U-Bootkrieg »bietet Aussicht, England in wenigen Monaten zum Frieden zu zwingen«.

Die Veröffentlichung am 1. März wirkt wie eine Bombe. In Amerika herrschen Entrüstung und geschickte propagandistische Verwertung des Falls für den Kriegseintritt.

In Deutschland Verblüfftheit. Wie konnte das Geheimnis dem Präsidenten Wilson bekannt werden? Kaiser Wilhelm II. glaubt, die Briten hätten das Telegramm unter den Papieren Bernstorffs gefunden, als

Dank dem Besitz des Kodes ist »Zimmer 40« imstande, das Zimmermann-Telegramm vollständig zu entschlüsseln.
Die zweite Gruppe 13042 bezeichnet den Kode.
Mexiko und *Texas* haben ihre eigenen Gruppen, Arizona muß mit vier Gruppen *Arizona* angegeben werden.
Gruppe 14814 *einladen* muß anscheinend *ein*- sein, Gruppe 4178 infinitive with *zu* = *zuladen*.
(William F. Friedman & Charles J. Mendelsohn: The Zimmermann Telegram.)

130	Nr. 3	13851	stop	18507	hinzufuegen
13042		4458	gemeinsamen	52262	Japan
13401	Auswaertiges Amt	17149	Friedensschluss	1340	von
8501	telegraphiert	14471	stop	22049	sich
115	vom 16ten Januar	6706	reichliche	13339	aus
3528	colon	13850	finanzielle	11265	zu
416	Nr. 1	12224	Unterstuetzung	22295	sofortiger
17214	Ganz geheim	6929	und	10439	Beitretung
6491	Selbst	14991	Einverstaendnis	14814	einladen
11310	zu	7382	unsererseits	4178	infinitive with zu
18147	entziffern	15857	dass	6992	und
18222	stop	67893	Mexiko	8784	gleichzeitig
21560	Wir	14218	in	7632	zwischen
10247	beabsichtigen	36477	Texas	7357	uns
11518	am	5870	comma	6926	und
23677	ersten	17553	Neu	52262	Japan
13605	Februar	67893	Mexiko	11267	zu
3494	un	5870	comma	21100	vermitteln
14936	eingeschraenkten	5454	Ar	21272	stop
98092	U-boot	16102	iz	9346	Bitte
5905	krieg	15217	on	9559	den
11311	zu	22801	a	22464	Praesidenten
10392	beginnen	17138	frucher	15874	darauf
10371	stop	21001	verlorenes	18502	hinweisen
0302	Es wird	17388	Gebiet	18500	comma
21290	versucht	7446	zurueck	15857	dass
5161	werden	23638	erobert	2188	ruecksichtslose
39695	Vereinigte Staaten von Amerika	18222	stop	5376	Anwendung
23571	trotzdem	6719	Regelung	7381	unserer
17504	neutral	14331	im	98092	U-boote
11269	zu	15021	einzelnen	16127	jetzt
18276	erhalten	23845	Euer Hochwohlgeboren	13486	Aussicht
18101	stop	3156	ueberlassen	9350	bietet
0317	Fuer den Fall	23552	stop	9220	comma
0228	dass dies	22096	Sie	76036	England
17694	nicht	21604	wollen	14219	in
4473	gelingen	4797	Vorstehendes	5144	wenigen
22284	sollte	9497	dem	2831	Monat
22200	stop	22464	Praesidenten	17920	en
19452	schlagen	20855	streng	11347	zum
21589	wir	4377	geheim	17142	Frieden
67893	Mexiko	23610	eroeffnen	17264	zu
5569	auf	18140	comma	7667	zwingen
13918	folgender	22260	sobald	7762	stop
8598	Grundlage	5905	Kriegs	15099	Empfang
12137	Buendnis	13347	ausbruch	9110	bestaetigen
1333	vor	20420	mit	10482	stop
4725	stop	39689	Vereinigten Staaten	97556	Zimmermann
4458	Gemeinsame	13732	fest	3569	stop
5905	Kriegs	20667	steht	3670	Schluss der Depesche
17166	fuehrung	6929	und		
		5275	Anregung		

der Botschafter nach dem Bruch der diplomatischen Beziehungen im Februar die USA verließ und das Schiff zwölf Tage in Halifax durchsucht wurde. Das Telegramm war aber nicht dabei.

Anfang April 1917 erklären die USA Deutschland den Krieg.

Die amerikanische Flotte hilft den Briten, die Krise im U-Bootkrieg zu überwinden, und zwei Millionen Mann amerikanische Truppen an der Westfront im Sommer 1918 zerschlagen alle deutschen Siegesaussichten. Im Herbst legen die Mittelmächte die Waffen nieder. Sie haben den Krieg verloren.

Der Krieg ist beendet. Ein deutsches Großkampfschiff gibt die Munition ab.

Anlage

Signalbuch der Kaiserlichen Marine

Zur Probe folgen hier 12 Seiten des geheimen Signalbuches der Kaiserlichen Marine Nr. 151, das nach der Strandung der *Magdeburg* am 26. August 1914 in russische Hände fiel und an die britischen Bundesgenossen weitergegeben wurde. Das Buch ist vom Staatsarchiv Public Record Office in London-Kew dem Verfasser 1981 freundlichst zur Verfügung gestellt worden.

Dieses Signalbuch ist ein imposantes Werk von 575 Seiten; die Seitennummern stehen oben Mitte.

	Titelblatt
	Verwendungsvorschriften
3	Inhalt
116	Formationssignale. Über die Seite ist auf Russisch geschrieben: Duplikat. Ne snimat! (Nicht fotografieren!)
143–	
145	Verschlossene Funknamen

Zu den Anrufen der neuen Schiffe sind hinzugekommen:

Linienschiffe	dt	*König*
	du	*Grosser Kurfürst*
	dü	*Markgraf*
Große Kreuzer	id	*Lützow*
	if	*Derfflinger*
Kleine Kreuzer	iy	*Graudenz*

Neben den verschlossenen Anrufen gibt es offene, die im Morse- und Winkspruchverkehr benutzt werden, ferner im Funkverkehr der Marinestationen mit öffentlichen Küstenstationen sowie mit allen nicht der Marine gehörenden Schiffsstationen. Im Funkverkehr wird stets als Kennbuchstabe vor die Namen von Bordstationen der Buchstabe A gesetzt, vor die Namen von Küstenstationen und Feuerschiffen K, z.B. AKS = SMS *Kaiser*, KBK = Küstenstation Bülk.

Die Anwendung der verschlossenen Funknamen bildet im Verkehr der Marinefunkstationen die Regel.

Einige Beispiele:

	Verschlossen	Offen
Deutschland	fr	DE
Goeben	ik	GO
Blücher	in	BL
Dresden	np	DR
Rostock	iz	RK
Magdeburg	nf	MB

Wörterbuch = Kode auf Seite 155 beginnend, enthält Worte oder Sätze in alphabetischer Reihenfolge. Die wichtigsten Bedeutungen sind mit ein- oder zweistelligen Buchstaben und drei- und vierstelligen Zahlensignalen belegt, die übrigen mit dreistelligen Buchstaben- und fünfstelligen Zahlensignalen.

Der Hauptkode mit dreistelligen Buchstaben und fünfstelligen Zahlengruppen umfaßt die Seiten 181 bis 402 des alphabetischen Teils. Dann folgen Kompaßsignale in Strichen und nach Graden, Brüche, Ordnungszahlen, Zahlentafel für Kaliberbezeichnungen, Zahlen, Zeitsignale, Bestecksignale, Quadratsignale und zuletzt über zehntausend geographische Namen von der Ostsee bis Ostasien.

Die letzte Seite enthält Kontrollnachweisung über Deckblätter, Berichtigungen usw., auch von Oberleutnant Bender quittiert.

Geheim!      № 151   1

Signalbuch

der

Kaiserlichen Marine.

(Entwurf.)

Herausgegeben vom Admiralstab der Marine.

Berlin 1913.

120

Seine Majestät der Kaiser haben die Herausgabe dieses Entwurfes des »Signalbuches der Kaiserlichen Marine« befohlen und gleichzeitig angeordnet, daß hiernach bis auf weiteres zu verfahren ist.

Der bisherige unter dem 1. April 1906 herausgegebene Entwurf eines Signalbuches der Kaiserlichen Marine tritt hierdurch außer Kraft.

Für die dauernde Überwachung der auf der Brücke im Gebrauch befindlichen Signalbücher ist der wachhabende Offizier verantwortlich, für die Überwachung der im F. T.-Raum benutzten Signalbücher der F. T.-Offizier.

Die Signalbücher sind vom Signal- bzw. F. T.-Personal bei jeder Wachübergabe besonders zu übergeben. Die erfolgte Übergabe ist im Signal- bzw. F. T.-Journal vom übernehmenden zu bescheinigen. Die Übergabe der auf der Brücke befindlichen Signalbücher ist vom Signalpersonal außerdem dem wachhabenden Offizier oder dem Flaggleutnant zu melden.

Einem Überbordfallen des Buches auf kleinen Fahrzeugen (Torpedo- und Unterseebooten, Minenlegern usw.) ist dadurch vorzubeugen, daß es am Rücken mit einem Bändsel versehen und bei Gebrauch an Deck festgebunden wird.

Beim Nichtgebrauch sind die Signalbücher unter sicheren Verschluß zu nehmen.

Die Befolgung der vorstehenden Bestimmungen hat der Kommandant oder Chef des Stabes (Admiralstabs-Offizier) zu überwachen. Halbjährlich ist das Signal- und F. T.-Personal über die Pflicht der Geheimhaltung und die Behandlung des Signalbuches durch einen Offizier zu belehren.

Auf Signalstellen und Marineteile am Lande finden die vorstehenden Bestimmungen sinngemäße Anwendung.

Liegt die Gefahr vor, daß das Signalbuch in Feindeshand fällt, so ist es über Bord zu werfen oder (durch Feuer) zu vernichten.

Die Zahlensignale des Signalbuches können von Stellen, die mit keinem anderen Chiffriermittel ausgerüstet sind, auch zum Aufsetzen verschlossener Telegramme benutzt werden.

Der offizielle Gebrauch anderer Signale und Signalbestimmungen innerhalb der Marine als der in diesem Signalbuch oder in den hiermit zusammenhängenden Signalvorschriften enthaltenen ist **verboten**.

Berlin, den 7. Januar 1913.

Auf Allerhöchsten Befehl

Der Chef des Admiralstabes der Marine
v. Heeringen.

Inhalt.

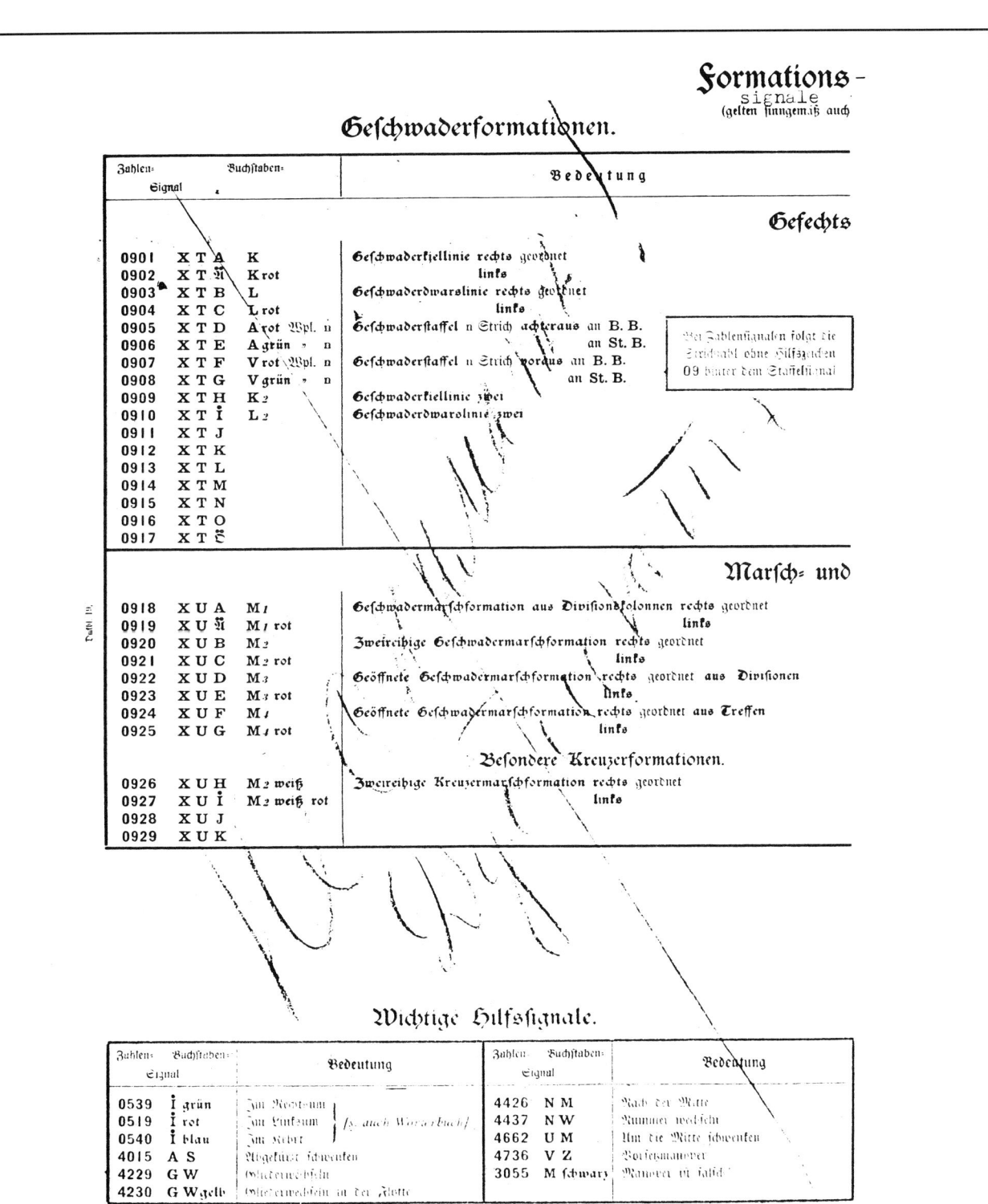

Geschwaderformationen.

Gefechts

Zahlen-Signal	Buchstaben-Signal	Bedeutung
0901	X T A K	Geschwaderkiellinie rechts geordnet
0902	X T Ä K rot	links
0903	X T B L	Geschwaderdwarslinie rechts geordnet
0904	X T C L rot	links
0905	X T D A rot Wpl. n	Geschwaderstaffel n Strich achteraus an B. B.
0906	X T E A grün , n	an St. B.
0907	X T F V rot Wpl. n	Geschwaderstaffel n Strich voraus an B. B.
0908	X T G V grün , n	an St. B.
0909	X T H K 2	Geschwaderkiellinie zwei
0910	X T Ï L 2	Geschwaderdwarslinie zwei
0911	X T J	
0912	X T K	
0913	X T L	
0914	X T M	
0915	X T N	
0916	X T O	
0917	X T Ö	

> Bei Zahlensignalen folgt die
> Strichzahl ohne Hilfszeichen
> 09 hinter dem Staffelsignal

Marsch- und

Zahlen-Signal	Buchstaben-Signal	Bedeutung
0918	X U A M 1	Geschwadermarschformation aus Divisionskolonnen rechts geordnet
0919	X U Ä M 1 rot	links
0920	X U B M 2	Zweireihige Geschwadermarschformation rechts geordnet
0921	X U C M 2 rot	links
0922	X U D M 3	Geöffnete Geschwadermarschformation rechts geordnet aus Divisionen
0923	X U E M 3 rot	links
0924	X U F M 4	Geöffnete Geschwadermarschformation rechts geordnet aus Treffen
0925	X U G M 4 rot	links

Besondere Kreuzerformationen.

Zahlen-Signal	Buchstaben-Signal	Bedeutung
0926	X U H M 2 weiß	Zweireihige Kreuzermarschformation rechts geordnet
0927	X U Ï M 2 weiß rot	links
0928	X U J	
0929	X U K	

Wichtige Hilfssignale.

Zahlen-Signal	Buchstaben-Signal	Bedeutung	Zahlen-Signal	Buchstaben-Signal	Bedeutung
0539	Ï grün	Im Nordraum	4426	N M	Nach der Mitte
0519	Ï rot	Im Ostraum (s. auch Wörterbuch)	4437	N W	Nummer wechseln
0540	Ï blau	Im Südraum	4662	U M	Um die Mitte schwenken
4015	A S	Abgekürzt schwenken	4736	V Z	Vorleismanöver
4229	G W	Wiedereinschein	3055	M schwarz	Manöver ist falsch
4230	G W gelb	Wiedereinschein in der Flotte			

123

Verschlossene F.T.-Namen.

1. Die Anwendung der verschlossenen F.T.-Namen bildet im F.T.-Verkehr der Marine-F.T.-Stationen untereinander die Regel.

2. Sie können sowohl bei offenen als auch bei verschlossenen Funksprüchen angewendet werden. Bei ihrer Anwendung bei offenen Funksprüchen ist darauf zu achten, daß der Text des Funkspruchs nicht einen Schluß auf die Bedeutung der verschlossenen F.T.-Namen zulassen darf, und daß die Namen der verkehrenden Stationen nicht durch Adresse oder Unterschrift des Textes (z. B. .... Kommando S. M. S. »Hessen«) bekannt werden.

3. Im Verkehr mit nicht der Marine gehörenden F.T.-Stationen sind stets die offenen F.T.-Namen anzuwenden.

4. Innerhalb verschlossener Funksprüche werden die verschlossenen F.T.-Namen mit vorgesetzten Buchstaben S als Bezeichnungssignale und Unterschriften gebraucht. Auch in offenen Funksprüchen können sie in dieser Weise verwendet werden unter Beobachtung der in Ziffer 2 gegebenen Bestimmungen.

5. Für diejenigen Fahrzeuge usw., für die keine verschlossenen F.T.-Namen vorgesehen sind, werden in verschlossenen Funksprüchen die Bezeichnungssignale der Marineliste angewandt.

6.*) Die F.T.-Namen für **Torpedoboote**, die zu Torpedobootsverbänden gehören, richten sich nach der taktischen Eingliederung des Bootes:

a) T.-Flottillenfahrzeuge: der F.T.-Name der Flottille; an Stelle des Buchstabens **v** tritt ein **z**,

z. B. **V 187** als Flottillenfahrzeug der 1. T.-Flottille: **z a**

G 113 » » » 4. » **z d**

b) Die Boote der T.-Halbflottillen: in dem F.T.-Namen der T.-Halbflottille tritt an Stelle von **w** ein Kennbuchstabe, der die taktische Nummer des Bootes angibt.

Es entsprechen:

α der taktischen Nr. 1
γ » » » 2
δ » » » 3   } jeder T.-Halbflottille,
ϵ » » » 4
ρ » » » 5
ℓ » dem F.T.-Wachboot

z. B. Nr. 5 der III. T.-Halbflottille ρ c
» 1 » VI. » **a f**

7. Die der taktischen Gliederung entsprechenden F.T.-Namen der U-Boote werden in folgender Weise gebildet:
Die Nummer der Halbflottille wird durch griechische Buchstaben bezeichnet, die taktische Nummer des Bootes durch einen diesem vorangesetzten Kennbuchstaben. Es entsprechen:

α der I. U-Halbflottille   **A** der taktischen Nr. 1
γ » II. »   **B** » » » 2
δ » III. »   **C** » » » 3
ϵ » IV. »   usw. } jeder U-Halbflottille
ρ » V. »   **H** der taktischen Nr. 8
δ » VI. »   **J** » » 9

z. B. Nr. 1 der V. U.-Halbflottille: **A** ρ
» 9 » III. »   **J** δ

8. F.T.-Name für nicht in Verbände gegliederte Torpedo- und U-Boote, sowie für Minensuchboote ist **t** bzw. **u** (für U-Boote) mit nachfolgender Adresse des Bootes aus der Marineliste. Zur Bezeichnung und Unterschrift ist für die Boote das Buchstabenbezeichnungssignal der Marineliste anzuwenden,

z. B. **V 6** .... **t 506**, Bezeichnung Stnd. **G 506**
D 6 .... **t 596** » » **G 596**
T 6 .... **t 306** » » **G 306**
G 196 .... **t 496** » » **G 496**
U 6 .... **u 606** » » **G 606**

*) Anmerkung: Bei einem durch Ausfall eines Bootes bedingten Wechsel der taktischen Nummern innerhalb eines Verbandes tritt auch eine Änderung des F.T.-Namens der Boote ein. Z. B. das Führerboot der IV. Halbflottille ist ausgefallen und der Chef schifft sich auf der Nr. 5 — z d — ein, so wird die Nr. 5 taktische Nr. 1 und erhält auch deren F.T.-Namen: z a.

Wenn es für den Signalempfänger wichtig ist, die genaue Bootsnummer zu kennen (z. B. bei Havarien), so ist das Buchstabenbezeichnungssignal der Marineliste anzuwenden bzw. in offenen Funksprüchen der Name auszuschreiben (z. B. G 103).

F.T.-Namen	Bedeutung	F.T.-Namen	Bedeutung	F.T.-Namen	Bedeutung
	Wichtige Anrufe.	f s	Schleswig-Holstein	n r	Stuttgart
a d	Alle Geschwader	f t	Hannover	n s	Stettin
a f	I. Geschwader	f u	Schlesien	n t	Nürnberg
a g	II. „	f ü	Pommern	n u	Königsberg
a i	III. „	f w	Braunschweig	n ü	Danzig
a k		f x	Elsaß	n v	Leipzig
a m	Hochseeflotte	f y	Hessen	n w	München
a n		f z	Lothringen	n x	Lübeck
a o	Alle Minenkreuzer	h a	Preußen	n y	Berlin
a r	Alle Aufklärungsgruppen	h ä	Mecklenburg	n z	Bremen
a s	I. Aufklärungsgruppe	h c	Schwaben	g a	Hamburg
a t	II. „	h d	Wettin	g d	Undine
a u	III. „	h f	Wittelsbach	g f	Arcona
a ü	Alle T.-Flottillen	h g	Zähringen	g h	Frauenlob
a w	Alle Flottillenboote von T.-Flottillen	h i	Kaiser Barbarossa		
a x	Alle T.-Halbflottillen-führerboote	h k	Kaiser Friedrich III.		
		h l	Kaiser Karl der Große		**Ältere Linienschiffe.**
a z	Alle in F.T.-Reichweite befindlichen Fahrzeuge	h m	Kaiser Wilhelm der Große	h o	Siegfried
d a	Alle Führerboote taktisch selbständiger Torpedobootsverbände	h n	Kaiser Wilhelm II.	h p	Hildebrand
				h q	Beowulf
				h r	Frithjof
			Neuere große Kreuzer.	h t	Ägir
d f	Alle Flaggschiffe			h u	Heimdall
d g	Alle T.-Halbflottillen	i a		h ü	Hagen
d i	Alle Torpedobootsgeleit-kreuzer	i c		h w	Odin
		i d		h x	Brandenburg
d k	Flaggschiff des Chefs der Hochseeflotte	i f		h y	Wörth
d l		i g	Seydlitz	h z	
d m		i k	Goeben		
d n	Alle U.-Flottillenschiffe	i l	Moltke		
d p	Alle Führerboote von U-Halbflottillen	i m	v. d. Tann		**Ältere große Kreuzer.**
		i n	Blücher		
		i o	Scharnhorst		
		i p	Gneisenau		
		i r	Yorck	g k	Fürst Bismarck
		i s	Roon	g l	Kaiserin Augusta
		i t	Friedrich Carl		
	Neuere Linienschiffe.	i u	Prinz Adalbert		
d q		i ü	Prinz Heinrich		
d r					**Ältere kleine Kreuzer.**
d s				g m	
d t				g n	
d u			**Neuere kleine Kreuzer.**	g p	Gazelle
d ü				g r	Niobe
d w	Kaiser	i v		g s	Nymphe
d x	Kaiserin	i w		g t	Thetis
d z	Friedrich der Große	i x		g u	Ariadne
f a	Prinzregent Luitpold	i y		g ü	Amazone
f d	König Albert	i z	Rostock	g w	Medusa
f g	Helgoland	n a	Karlsruhe	g x	Hela
f i	Oldenburg	n ä	Stralsund	g y	Gefion
f k	Thüringen	n d	Straßburg	g z	Prinzeß Wilhelm
f l	Ostfriesland	n f	Magdeburg	c a	Irene
f m	Nassau	n g	Breslau	c b	Geier
f n	Westfalen	n i	Cöln	c d	Cormoran
f o	Rheinland	n k	Augsburg	c e	Seeadler
f p	Posen	n l	Mainz	c f	
f r	Deutschland	n m	Kolberg	c g	
		n p	Dresden		
		n q	Emden		

125

F.T.-Namen	Bedeutung
	Kanonenboote.
c i	
c j	Condor
c k	Otter
c l	Vaterland
c m	Tsingtau
c n	Eber
c o	Panther
c p	Luchs
c q	Tiger
c r	Jaguar
c s	Iltis
	Schulschiffe.
c t	Delphin
c u	Drache
c ü	Freya
c v	Fuchs
c w	
c x	Grille
c y	Hansa
c z	Hay
b a	Hertha
b ä	
b d	Victoria Louise
b f	Vineta
b g	Württemberg
b h	
	Spezialschiffe.
b i	Albatroß
b j	Alice Roosevelt
b k	Blitz
b l	Carmen
b m	
b n	Hohenzollern
b o	Hyäne
b p	Loreley
b q	Möwe
b r	Nautilus
b s	Pelikan
b t	Pfeil
b u	Planet
b ü	Schwalbe
b v	Sleipner
b w	Taku
b x	Vulkan
b y	Zieten
b z	
ä b	
ä c	
	Depeschenboote.
a p	
a y	
r ä	

F.T.-Namen	Bedeutung
	Hulks.
ä d	Acheron
ä e	Baden
ä f	Charlotte
ä g	König Wilhelm
ä h	Kronprinz
ä i	Leipzig
ä j	Mars
ä k	Uranus
ä l	
	Linienschiffsverbände.
a k	
a m	Hochseeflotte
a n	
k a	Reserveflotte
a d	Alle Geschwader
a f	I. Geschwader
a g	II. „
a i	III. „
k d	IV. „
k e	V. „
k f	
k g	Alle Divisionen
k i	I. Division
k l	II. „
k m	III. „
k n	IV. „
k o	V. „
k p	VI. „
k q	VII. „
k r	VIII. „
k t	IX. „
k u	X. „
k ü	
k w	
k x	Alle Treffen
l a	I. „
l b	II. „
l c	III. „
l d	IV. „
l f	Schnelle Division
l g	Hintere Flügeldivision
l i	Vordere „
l k	
l m	
	Kreuzerverbände.
a r	Alle Aufklärungsgruppen
a s	I. Aufklärungsgruppe
a t	II. „
a u	III. „
l n	IV. „
l o	V. „
l p	VI. „
l r	VII. „
l s	VIII. „

F.T.-Namen	Bedeutung
l t	Kreuzergeschwader
l u	Kreuzerdivision
l ü	*Mittelmeer...*
	Minensuchverbände.
l v	Alle Minensuchdivisionen
l w	I. Minensuchdivision
l x	II. „
l y	III. „
l z	
	Torpedobootsverbände.
a ü	Alle T.-Flottillen
v a	I. T.-Flottille
v b	2. „
v c	3. „
v d	4. „
v f	5. „
v g	6. „
v h	7. „
v i	8. „
v j	9. „
v k	10. „
v l	11. „
v m	12. „
d g	Alle T.-Halbflottillen
w a	I. T.-Halbflottille
w b	II. „
w c	III. „
w d	IV. „
w e	V. „
w f	VI. „
w g	VII. „
w h	VIII. „
w j	IX. „
w k	X. „
w l	XI. „
w m	XII. „
w n	XIII. „
w o	XIV. „
w p	XV. „
w q	XVI. „
w r	XVII. „
w s	XVIII. „
w t	XIX. „
w u	XX. „
w ü	XXI. „
w v	XXII. „
w x	XXIII. „
w y	XXIV. „
w z	XXV. „

Drbl. 22

Alle Gruppenführerboote der 9. T.-Flottille — 10., 11., 12.

ö j, ö k, ö l, ö m — Alle Gruppenführerboote der 5. T.-Flottille — 6., 7., 8.

ö f, ö g, ö h, ö i — Alle Gruppenführerboote der 1. T.-Flottille — 2., 3., 4.

ö a, ö b, ö c, ö d

Zahlen-Signal	Buchstaben-Signal	Bedeutung	Zahlen-Signal	Buchstaben-Signal	Bedeutung
534 27	C a E	Bodenanstrich	534 85	D A F	Boote sind angegriffen
28	C a F	Bodenbeplattung	86	D A G	Boote sollen angreifen
29	C a G	Bodenbeschaffenheit	87	D A H	Boote armieren
534 30	C a H	Bodenbeschlag	88	D A I	armiertes Boot
31	C a I	Bodenstück	89	D A J	Boote auftakeln und segeln (um ...)
32	C a J	Bodenventil (Nr. n)	534 90	D A K	Boote ausrüsten
33	C a K	Bodenverschluß +	91	D A L	Boot ist ausgerüstet (mit)
34	C a L	Bodenzünder	92	D A M	Boote ausrüsten zum Minensuchen
35	C a M	Bö =ig	93	D A N	Boote aussetzen u. treiben lassen
36	C a N	Bogen	94	D A O	Boote beleuchten
37	C a O	bogenförmig	95	D A Ö	Boote bemannen
38	C a Ö	Bogenlampe	96	D A P	Boote bemannen zur Landung
39	C a P	Bohle	97	D A Q	Boote bemannen zur Übung
534 40	C a Q	Bohne (n kg)	98	D A R	alle Boote an Bord kommen
41	C a R	bohren =ung, Bohr= [s. Grund]	99	D A S	es ist kein Boot an Bord
42	C a S	Bohrer	535 00	D A T	Boote decken (durch)
43	C a T	Boje, Bojen= [s. Anker, Kohlen, Leine]	01	D A U	Boote decken in Feuerlee ihrer Schiffe
44	C a U	Boje auf den Anker stecken	02	D A Ü	Boote einsetzen
45	C a Ü	Boje aufnehmen (fischen)	03	D A V	feindl. Boot
46	C a V	Boje auslegen	04	D A W	Boote zu Wasser fieren
47	C a W	Boje beleuchten	05	D A X	gedecktes Boot
48	C a X	Boje über Bord	06	D A Y	Boot in Gefahr (bei, in)
49	C a Y	eine Boje über Bord werfen und wieder fischen	07	D A Z	dem in Gefahr befdl. Boot Hilfe schicken
534 50	C a Z	an der Boje festmachen	08	D A α	großes Boot
51	C a γ	an die Boje gehen	09	D A γ	Boote heißen
52	C γ A	Boje falsch hinlegen	535 10	D Ä A	Boote sind geheißt
53	C γ Ä	Boje legen	535 11	D Ä B	Boot kann nicht geheißt werden (weil)
54	C γ B	Bojen liegen falsch	591 87	J P V	brauche sofortige Hilfe von Booten
55	C γ D	Bojen liegen richtig	535 12	D Ä C	Boote zu Hilfe schicken (an, nach)
56	C γ E	von der Boje loswerfen	13	D Ä E	sofort alle verfügbaren Boote zu Hilfe schicken (an, nach)
57	C γ F	Boje ist unklar	14	D Ä F	Boot gekentert (bei, in)
58	C γ G	Boje verloren	15	D Ä G	alle Boote klar
59	C γ H	Bojenabstände sollen (n) hm betragen	16	D Ä H	alle Boote klar, rechtsherum um den eigenen Verband rudern [vgl. Heckleine]
534 60	C γ I	Bojenabteilung			
61	C γ J	Bojenbeleuchtung			
62	C γ K	Bojenleine	17	D Ä I	ein (oder n) Boot klarhalten (an, zu)
63	C γ L	Bojenmanöver	18	D Ä J	ein (oder n) ausgerüstetes Boot klarhalten (an, zu)
64	C γ M	Bojensperre			
65	C γ N	Bojensperre zur Übung legen	19	D Ä K	Boote klarhalten zum Landen
66	C γ O	Bojereep	535 20	D Ä L	Boot längsseit kommen (bei)
67	C γ Ö	Bollwerk	21	D Ä M	Boot längsseit schicken (bei)
68	C γ P	am Bollwerk festmachen	22	D Ä N	leichtes Boot
69	C γ Q	Bolzen	23	D Ä O	Boot zum Loten schicken (voraus oder nach)
534 70	C γ R	bombardieren, Bombardement [vgl. beschießen]	24	D Ä Ö	mit Booten nehmen
71	C γ S	Bombardementsentfernung (n hm)	25	D Ä P	offenes Boot
72	C γ T	Bombardementsgeschütz	26	D Ä Q	Boote können Barre passieren
73	C γ U	Bombe *	27	D Ä R	wann können Boote Barre passieren?
74	C γ Ü	bombensicher [s. Raum]	28	D Ä S	in die Boote retten
75	C γ V	Boot [s. Brandung, Brücke, Ruderübung usw.] Boots=	29	D Ä T	ein (oder n) Boot schicken (nach)
76	C γ W	Boote abrüsten	535 30	D Ä U	alle Boote schicken (nach)
77	C γ X	Boote absetzen	31	D Ä Ü	sofort ausgerüstetes Boot schicken (nach)
78	C γ Y	Boot soll nicht absetzen (von)	32	D Ä V	sofort bemanntes Boot schicken (nach)
79	C γ Z	Boot soll sofort absetzen (von)	33	D Ä W	Boot schicken zum Depeschenabholen (nach)
534 80	C γ α	Boote abtafeln und rudern	34	D Ä X	Boot schicken zum Empfang von Befehlen (nach, zu)
81	D A Ä	* mit Bomben angreifen			
82	D A B	* mit (n) Bomben belegen	35	D Ä Y	
83	D A C	* (n) Bomben werfen	36	D Ä Z	
534 84	D A E	+ Bodenwind	535 37	D Ä α	

Zahlen-Signal	Buchstaben-Signal	Bedeutung	Zahlen-Signal	Buchstaben-Signal	Bedeutung
62218	N Ü I	Marinesanitätsordnung (§ n)	62271	N C D	Ma. S. bei Tage
19	N Ü J	Marineschiffspost (Nr. n)	4512	P J	Ma. S. bei Tage bilden
62220	N Ü K	Marineschule	4765	W Z	in die Lücken der Ma. S. Torpedoboote einstellen
21	N Ü L	Marinesignalstelle [vgl. Marinenachrichtenstelle]	62272	N C E	enge Ma. S. bilden
22	N Ü M	Marinestation	73	N C F	enge Ma. S. bilden hinter dem Gros
23	N Ü O	Marinestation der Nordsee [s. Marineliste, Nachrichtenabteilung]	74	N C G	enge Ma. S. bilden vor dem Gros
24	N Ü Ö	Marinestation der Ostsee [s. Marineliste, Nachrichtenabteilung]	75	N C H	Marschsicherungsdienst
25	N Ü P	Marineteil	76	N C I	Marschturbine
26	N Ü Q	Marineverkehr	77	N C J	Marschübung
27	N Ü R	Marineverordnungsblatt (Nr. n)	78	N C K	Marsscheinwerfer
28	N Ü S	maritim	79	N C L	Marter =n
29	N Ü T	Mark (n ℳ)	62280	N C M	März
62230	N Ü U	als Mark auslegen (bei, in, für)	81	N C O	Maschine, Maschinen [s. Fahrt]
31	N Ü Ü	Markboot	82	N C Ö	B. B.-Maschine
32	N Ü V	Marke	83	N C P	Mittelmaschine
33	N Ü W	markieren =ung [s. Feind, Feuer, Minensperre]	84	N C Q	St. B.-Maschine
34	N Ü X	Markierungsboje	85	N C R	Maschine soll angehen
35	N Ü Y	Markierungsboje aufnehmen	86	N C S	beim Angehen der Maschine
36	N Ü Z	klar zum Markierungsboje aufnehmen	87	N C T	Maschine anwärmen
37	N Ü α	Markierungsbojen legen	88	N C U	Maschine arbeitet
38	N Ü γ	klar zum Markierungsbojen legen	89	N C Ü	Maschine beschädigt (durch)
39	N B A	Markt, Markt=	62290	N C V	B. B.-Maschine beschädigt (durch)
62240	N B Ü	Marlspieker	91	N C W	Mittelmaschine beschädigt (durch)
41	N B C	Marokkaner =isch	92	N C X	St. B.-Maschine beschädigt (durch)
42	N B D	Mars [s. Ausguck], Mars=	93	N C Y	elektrische Maschine
43	N B E	vom Mars aus	94	N C Z	Maschine klar
44	N B F	Oberkante Mars über Wasser (n m)	95	N C α	wann ist Maschine klar sein
45	N B G	Marsch, Marsch=	96	N C γ	Maschine klar halten zum sofortigen Angehen mit höchster Fahrt
46	N B H	Marsch antreten (nach)	97	N D A	alle Maschinen manövrierunfähig
47	N B I	auf dem Marsche (nach) [s. Feind]	98	N D Ü	B. B.-Maschine manövrierunfähig
48	N B J	Marsch schlagen	99	N D B	Mittelmaschine manövrierunfähig
49	N B K	in Marsch setzen	62300	N D C	St. B.-Maschine manövrierunfähig
62250	N B L	Marschall	01	N D E	Maschine muß repariert werden
51	N B M	Marschallamt	02	N D F	Maschine rückwärts gehen
52	N B O	Marschbefehl	03	N D G	Maschine ist in Unordnung
53	N B Ö	marschbereit =schaft	04	N D H	Maschinenbau
54	N B P	Marschfahrt	05	N D I	Maschinenbetriebsmaterial
55	N B Q	Marschfahrt soll sein (n sm)	06	N D J	Maschinenfundament
56	N B R	Marschformation [s. feindl. Gros]	07	N D K	8 mm-Maschinengewehr
57	N B S	Marschgeschwindigkeit (n sm) [s. A.L.]	08	N D L	mit Maschinengewehren feuern
58	N B T	marschieren [s. Gros]	09	N D M	Maschinengewehrabteilung [s. Führer]
59	N B U	Marschkolonne [s. Streitkräfte]	62310	N D O	8 mm-Maschinengewehrmunition
62260	N B Ü	Marschorder	11	N D Ö	Maschinenhavarie
61	N B V	Marschordnung	12	N D P	habe Maschinenhavarie (kann noch n sm laufen)
62	N B W	Marschschaltung (der Turbinen)	13	N D Q	infolge Maschinenhavarie
63	N B X	Marschsicherung (Ma. S.) [s. A.L., Torpedoboot]	14	N D R	leichte Maschinenhavarie, Schiff vorübergehend manövrierunfähig
64	N B Y	Ma. S. auflösen	15	N D S	B. B.-Maschine Maschinenhavarie (kann noch n sm laufen)
65	N B Z	zur Ma. S. auseinanderziehen gemäß Plan	16	N D T	Mittelmaschine Maschinenhavarie (kann noch n sm laufen)
62266	N B α	Ma. S. bei Nacht	17	N D U	St. B.-Maschine Maschinenhavarie (kann noch n sm laufen)
4510	P H	Ma. S. bei Nacht bilden	18	N D Ü	
4511	P I	Ma. S. bilden gemäß Plan	19	N D V	
62267	N B γ		62320	N D W	
68	N C A		21	N D X	
69	N C Ü		62322	N D Y	
62270	N C B				

Supplement (handwritten)

Bestecksignale.

Breite.

Zahlen-Signal	Buchstaben-Signal	Bedeutung	Zahlen-Signal	Buchstaben-Signal	Bedeutung	Zahlen-Signal	Buchstaben-Signal	Bedeutung
766 00	Y O A	0° Breite	766 28	Y O α	18° Breite	766 55	Y Ö X	45° Breite
01	Y O Ä	1° Nordbreite	29	Y O γ	19°	56	Y Ö Z	46°
02	Y O B	2°	766 30	Y Ö A	20° Breite	57	Y Ö α	47°
03	Y O C	3°	31	Y Ö Ä	21°	58	Y Ö γ	48°
04	Y O D	4°	32	Y Ö B	22°	59	Y P A	49°
05	Y O E	5° Nordbreite	33	Y Ö C	23°	766 60	Y P Ä	50° Breite
06	Y O F	6°	34	Y Ö D	24°	61	Y P B	51°
07	Y O G	7°	35	Y Ö E	25° Breite	62	Y P C	52°
08	Y O H	8°	36	Y Ö F	26°	63	Y P D	53°
09	Y O Ï	9° Nordbreite	37	Y Ö G	27°	64	Y P E	54°
766 11	Y O J	1° Südbreite	38	Y Ö H	28°	65	Y P F	55° Breite
12	Y O K	2°	39	Y Ö Ï	29°	66	Y P G	56°
13	Y O L	3°	766 40	Y Ö J	30° Breite	67	Y P H	57°
14	Y O M	4°	41	Y Ö K	31°	68	Y P Ï	58°
15	Y O N	5° Südbreite	42	Y Ö L	32°	69	Y P J	59°
16	Y O Ö	6°	43	Y Ö M	33°	766 70	Y P K	60° Breite
17	Y O P	7°	44	Y Ö N	34°	71	Y P L	61°
18	Y O Q	8°	45	Y Ö O	35° Breite	72	Y P M	62°
19	Y O R	9° Südbreite	46	Y Ö P	36°	73	Y P N	63°
766 20	Y O S	10° Breite	47	Y Ö Q	37°	74	Y P O	64°
21	Y O T	11°	48	Y Ö R	38°	75	Y P Ö	65° Breite
22	Y O U	12°	49	Y Ö S	39°	76	Y P Q	66°
23	Y O Ü	13°	766 50	Y Ö T	40° Breite	77	Y P R	67°
24	Y O V	14°	51	Y Ö U	41°	78	Y P S	68°
25	Y O W	15° Breite	52	Y Ö Ü	42°	79	Y P T	69°
26	Y O X	16°	53	Y Ö V	43°	766 80	Y P U	70° Breite
766 27	Y O Z	17°	766 54	Y Ö W	44°			

Breiten- oder Längenminuten.

Zahlen-Signal	Buchstaben-Signal	Bedeutung	Zahlen-Signal	Buchstaben-Signal	Bedeutung	Zahlen-Signal	Buchstaben-Signal	Bedeutung
769 00	Y W A	0 Minuten	769 20	Y W S	20 Minuten	769 40	Y X K	40 Minuten
01	Y W Ä	1	21	Y W T	21	41	Y X L	41
02	Y W B	2	22	Y W U	22	42	Y X M	42
03	Y W C	3	23	Y W Ü	23	43	Y X N	43
04	Y W D	4	24	Y W V	24	44	Y X O	44
05	Y W E	5 Minuten	25	Y W X	25 Minuten	45	Y X Ö	45 Minuten
06	Y W F	6	26	Y W Z	26	46	Y X P	46
07	Y W G	7	27	Y W α	27	47	Y X Q	47
08	Y W H	8	28	Y W γ	28	48	Y X R	48
09	Y W Ï	9	29	Y X A	29	49	Y X S	49
769 10	Y W J	10 Minuten	769 30	Y X Ä	30 Minuten	769 50	Y X T	50 Minuten
11	Y W K	11	31	Y X B	31	51	Y X U	51
12	Y W L	12	32	Y X C	32	52	Y X Ü	52
13	Y W M	13	33	Y X D	33	53	Y X V	53
14	Y W N	14	34	Y X E	34	54	Y X W	54
15	Y W O	15 Minuten	35	Y X F	35 Minuten	55	Y X Z	55 Minuten
16	Y W Ö	16	36	Y X G	36	56	Y X α	56
17	Y W P	17	37	Y X H	37	57	Y X γ	57
18	Y W Q	18	38	Y X Ï	38	58	Y Z A	58
769 19	Y W R	19	769 39	Y X J	39	769 59	Y Z Ä	59

Zahlen-Signal	Eind. G über Buchstaben-Signal	Bedeutung	Zahlen-Signal	Eind. G über Buchstaben-Signal	Bedeutung	Zahlen-Signal	Eind. G über Buchstaben-Signal	Bedeutung
813 43	A P I	Helsingfors	813 66	A Q C	Helsingfors W. Befestig. Melkö Batt?	814 20	A R α	Hitterö Sund
44	A P J	Helsingfors (Sveaborg) Ft?	67	A Q D	Helsingkallan	21	A R γ	Hjarnö I.
45	A P K	Helsingfors O. Befestig.	68	A Q E	Helsingör	22	A S A	Hjarnö Lcht-Bk.
46	A P L	Helsingfors O. Befestig. Bakholmen Batt?	69	A Q F	Helsingör Kr-Tm.	23	A S B	Hjarnö Lcht-F.
47	A P M	Helsingfors O. Befestig. Harraka Batt.	813 70	A Q G	Helsingör Lcht-Tm.	24	A S C	Hjarnö Sund
48	A P N	Helsingfors O. Befestig. Kungsholmen Batt.	71	A Q H	Helsingör Reede	25	A S D	Hjelm
49	A P O	Helsingfors O. Befestig. Langörn Batt.	72	A Q I	Helts Bnk.	26	A S E	Hjelm B.
813 50	A P Ő	Helsingfors O. Befestig. Limpan Batt.	73	A Q J	Helvedbakke	27	A S F	Hjelm Lcht-Tm.
51	A P Q	Helsingfors O. Befestig. Sandham Batt?	74	A Q K	Hemmelmark	28	A S G	Hjelm Tief
52	A P R	Helsingfors O. Befestig. Sveaborg Batt?	75	A Q L	Hepburn	29	A S H	Hjertö Fjord
53	A P S	Helsingfors O. Befestig. Sveaborg Gastavswärd	76	A Q M	Heppens	814 30	A S I	Hoborg Bnk. —
54	A P T	Helsingfors O. Befestig. Sveaborg Lilla Ost Swartö	77	A Q N	Heppens Fhrwss.	31	A S J	Hoborg Lcht-Tm.
55	A P U	Helsingfors O. Befestig. Sveaborg Ost Swartö	78	A Q O	Heppens Plate	32	A S K	Hoedekenskerke
56	A P Ü	Helsingfors O. Befestig. Sveaborg Vargön	79	A Q Ő	Heringsdorf	33	A S L	Höganäs Lcht-Tm.
57	A P V	Helsingfors O. Befestig. Sveaborg West Swartö	813 80	A Q P	Heringsdorf Meilen Bk?	34	A S M	Högbonden Lcht-Tm.
58	A P W	Helsingfors W. Befestig. auf Drumsö u. Melkö	81	A Q R	Hermanö I.	35	A S N	Högby Lcht-F.
59	A Ṗ X	Helsingfors W. Befestig. Drumsö Batt?	82	A Q S	Hernesby Hole	36	A S O	Hogland I.
813 60	A P Y		83	A Q T	Hernösand	37	A S Ő	Hogland I. Lcht-Tm.
61	A P Z		84	A Q U	Hertha Flach	38	A S P	Hogsteen (Helgoland)
62	A P α		85	A Q Ü	Herwit Rock Lcht- u. Hl-Tn.	39	A S Q	Hogsteen Gl-Tn. (Helgoland)
63	A P γ		86	A Q V	Hesbjerg Gd.	814 40	A S R	Hohenkirchen Kr-Tm.
64	A Q A		87	A Q W	Hesnäs Wiek	41	A S T	Hohen Wieschendorf Hk.
65	A Q B		88	A Q X	Hesselö I.	42	A S U	Hohenzollern Lcht-Bk.
			89	A Q Y	Hesselö Lcht-Tm.	43	A S Ü	Hohe Weg Lcht-Tm.
			813 90	A Q Z	Hessenstein	44	A S V	Hohe Weg S?
			91	A Q α	Hestehoved Lcht-F	45	A S W	Höjen Lcht-Tm.
			92	A Q γ	Hestehoved Tief	46	A S X	Holby Kr-Tm.
			93	A R A	Heugh Lcht-Tm.	47	A S Y	Holländerberg Lcht F
			94	A R B	Hever Fl. [s. Alte]	48	A S Z	Holländer Gd.
			95	A R C	Hever Steert	49	A S α	Holländer Tief
			96	A R D	Hever Strom [s. Alte]	814 50	A S γ	Hollesley B.
			97	A R E	Hewett Kanal	51	A T A	Hollum
			98	A R F	Heyst	52	A T B	Holm S?
			99	A R G	Hiddensö	53	A T C	Holm Sund
			814 00	A R H	Hildesborg	54	A T D	Holmedal
			01	A R I	Hills Bnk.	55	A T E	Holmestrand
			02	A R J	Hillswick	56	A T F	Holmö Gadd Lcht-Tm
			03	A R K	Hinder Bnk.	57	A T G	Holmö I.
			04	A R L	Hindsholm H-I.	58	A T H	Holmudden Lcht-Tn
			05	A R M	Hirshals	59	A T I	Holnis Haken
			06	A R N	Hirshals Lcht-Tm.	814 60	A T J	Holnis Lcht-F.
			07	A R O	Hirsholm	61	A T K	Holst Bnk.
			08	A R Ő	Hirsholm Lcht-Tm.	62	A T L	Holtenau
			09	A R P	Hirsholm NO. Rf.	63	A T M	Holtenau Betriebs Hfn.
			814 10	A R Q	Hirsholm NW. Rf.	64	A T N	Holtenau Binnen-Hfn.
			11	A R S	Hisken Lcht-Tm.	65	A T O	Holtenau Kr-Tm.
			12	A R T	Hisöen I.	66	A T Ő	Holtenau Kohlen-Hfn.
			13	A R U	Hitterö I.	67	A T P	Holtenau Kompensierungs-Bk.
			14	A R Ü		68	A T Q	
			15	A R V		69	A T R	
			16	A R W		814 70	A T S	
			17	A R X		71	A T U	
			18	A R Y		72	A T Ü	
			19	A R Z				

290
END

Kontrollnachweifung
über Deckblätter, Berichtigungen ufw.

1. Um stets gleichmäßig berichtigte Signalbücher zu haben, ist diese Kontrollnachweisung von allen Empfangsstellen des Signalbuchs laufend auszufüllen.

2. Treffen Schiffe der Kaiserlichen Marine im Auslande zusammen, so haben sie ihre Kontrollnachweisungen gegenseitig auf Vollständigkeit zu prüfen und gegebenenfalls Berichtigungen vorzunehmen.

3. Alle handschriftlichen Berichtigungen sind mit waschechter Tusche auszuführen.

Lfde. Nr.	Deckblatt lautet von		Datum B.-Nr. der die Verbesserung anordnenden Verfügung	Verbesserung ist ausgeführt	
	Monat	Jahr		am	von*)
1–16	April	1913	11. IV. 1913 D. 634 II	6. V. 13	[Unterschrift]
17–25	Juli	1913	1. VII. 1913 D 1014 II	16. VII. 13	[Unterschrift]
26–73	Januar	1914	30. I. 1914 D 144 II	25. [?]	Bendr
74	März	1914	9. IV 1914 D 474 II	11. IV 14	Bendr
					Bendr
1–11	August	1914	10. VIII 1914 D 1307 II	23. VIII 14	
NB	Book combared with a copy saived later, and corrections made up to N° 161 date 4th Jan: 1916, or embodied in a photographic Supplement]				

Geheim.

Vom Kommando der Hochseeflotte herausgegebene Berichtigungen

und

Deckblätter   44

zum

Signalbuch der Kaiserlichen Marine.

— Entwurf 1913. —

Vfg. Cg. 980 F. 1 vom 1. 7. 14.

A. Berichtigungen.
B. Deckblätter.

*) Name des für die Richtigkeit verantwortlichen Offiziers oder Beamten.

77*   Wenden!

131

Literatur- und Quellenverzeichnis

Akademie der Wissenschaften der Sowjetunion. Institut für Geschichte: Kampfchronik der russischen Flotte (Akademija nauk Sojuza SSR. Institut istorii: Bojewaja letopis Russkogo flota). Moskau 1948.

Beesly, Patrick: Das Signalbuch der *Magdeburg* half den Ersten Weltkrieg zu gewinnen. In: Marine-Rundschau 5/1981.

Ders.: Cryptoanalysis and its Influence on the War at Sea, 1914–1918. Vortrag in Annapolis, Maryland, USA, Oktober 1981.

Ders.: Room 40. British Naval Intelligence, 1914–1918. Hamish Hamilton, London 1982.

Bender, Walther: Erinnerungen. Unveröffentlicht. (Diese Erinnerungen sowie das Fotoalbum sind von Benders Tochter, Frau Annelies Groß, Lohmar-Heide, Bundesrepublik Deutschland, dem Verfasser in liebenswürdiger Weise zur Verfügung gestellt worden.)

Bonatz, Heinz: Die deutsche Marine-Funkaufklärung 1914–1945. Wehr und Wissen, Darmstadt 1970.

Busch, Fritz Otto: Geheimnis um ein Signalbuch der *Magdeburg*. In: Deutsche Marine-Zeitung 9/1937.

Bychowskij, I. A./*Mischkewitsch*, G. I.: Erzählungen vom geheimen Krieg in der Ostsee (Rasskazy o tajnoj wojne na Baltike). Eesti Raamat, Tallinn 1981.

Churchill, Winston S.: Weltkrisis 1911–1918. 4 Bände. K. F. Koehler, Leipzig 1924–1928.

Ewing, A. W.: The Man of Room 40. The Life of Sir Alfred Ewing. Hutchinson & Co., London 1939.

Firle, Rudolph: Der Krieg in der Ostsee. Band 1: Das Kriegsjahr 1914 (Der Krieg zur See 1914–1918). E. S. Mittler & Sohn, Berlin 1922.

Friedman, William F./*Mendelsohn*, Charles J.: The Zimmermann Telegram of January 16, 1917 and its Cryptographic Background. Aegean Park Press, California 1976.

Gagern, Ernst von: Der Krieg in der Ostsee. Band 3: Von Anfang 1916 bis zum Kriegsende (Der Krieg zur See 1914–1918). E. S. Mittler & Sohn, Frankfurt/M. 1964.

Gebeschus, Kurt: Doggerbank. Brunnen-Verlag Willi Bischof, Berlin 1935.

Ders.: Der letzte Kampf SMS *Blücher* (Auf See unbesiegt, Band 2). J. F. Lehmanns Verlag, München 1922.

Graf, G.: Auf *Nowik* (Na *Nowike*). Die Ostseemarine in Krieg und Revolution. München 1922.

Gretschanjuk / Dmitrijew / Krinitschyn / Tschernow: Ostseemarine. Geschichtliche Übersicht (Baltijskij flot. Istoritscheskij otscherk). Moskau 1960.

Groos, O.: Der Krieg in der Nordsee. Band 2: Von Anfang September bis November 1914 (Der Krieg zur See 1914–1918). E. S. Mittler & Sohn, Berlin 1922.

Ders.: Der Krieg in der Nordsee. Band 3: Von Ende November 1914 bis Anfang Februar 1915 (Der Krieg zur See 1914–1918). Berlin 1923.

Ders: Der Krieg in der Nordsee. Band 4: Von Anfang Februar bis Ende Dezember 1915 (Der Krieg zur See 1914–1918). Berlin 1924.

Harper, J. E. T.: The Truth about Jutland. John Murray, London 1927.

Hase, Georg von: Skagerrak. K. F. Koehler, Leipzig 1920.

Heinrich Prinz von Preußen: Der Vorstoß SMS *Blücher* vor dem Finnischen Meerbusen am 6. September 1914 (Auf See unbesiegt, Band 1). J. F. Lehmanns Verlag, München 1922.

Hopman, Albert: Das Kriegstagebuch eines deutschen Seeoffiziers. August Scherl, Berlin 1925.

James, William The Codebreakers of Room 40. The Story of Admiral Sir William Hall. St. Martin's Press, New York 1956.

Kahn, David: The Codebreakers. The Story of Secret Writing. Weidenfeld and Nicolson, London 1966.

Kleikamp, Gustav: Der Einfluß der Funkaufklärung auf die Seekriegführung in der Nordsee 1914–1918.

Leitung der Führergehilfenausbildung der Marine. Geheime Dienstschrift Nr. 13. Kiel 1934.

Pawlowitsch, N. B.: Die Marine im Ersten Weltkrieg (Flot w perwoj mirowoj wojne). (Amtliches Seekriegswerk). Moskau 1964.

Petrow, E.: Organisation der Kriegsaufklärung in den Seestreitkräften der Ostsee im Weltkrieg. Periode 1914–1916 (Organizatsija wojnskowoj razwedki na morskich silach Baltijskogo morja w mirowuju wojnu). In: Morskoj Sbornik 6/1931.

Raeder, Erich: Mein Leben. Band 1: Bis zum Flottenabkommen mit England 1935. Schlichtenmayer, Tübingen 1956.

Ders.: Der Kreuzerkrieg in den ausländischen Gewässern. Band 1: Das Kreuzergeschwader (Der Krieg zur See 1914–1918). E. S. Mittler & Sohn, Berlin 1922. Zweite, verbesserte Auflage 1927. (Inzwischen war Kapitän zur See Raeder Vizeadmiral und Dr. phil.h.c. geworden.)

Ders.: Der Kreuzerkrieg in den ausländischen Gewässern. Band 2: *Emden*, *Königsberg*, *Karlsruhe*, *Geier*. Berlin 1923.

Richarz, Carl: Die Wikingerfahrt der *Tinto*. August Scherl, Berlin 1918.

Rohwer, Jürgen: The Role of Radio-Intelligence in the German Coastal Bombardment of December 1914. Vortrag in Annapolis, Maryland, USA, Oktober 1981.

Rollmann, Heinrich: Der Krieg in der Ostsee. Band 2: Das Kriegsjahr 1915 (Der Krieg zur See 1914–1918). E. S. Mittler & Sohn, Berlin 1929.

Ruge, Friedrich: Russische Seekriegführung 1914–1917 unter besonderer Betrachtung des Ostsee-Kriegsschauplatzes. Beiheft 7/8 der Marine-Rundschau. E. S. Mittler & Sohn, Frankfurt/M. September 1962.

Sakowitsch, A.: Funkaufklärung auf dem Ostsee-Kriegsschauplatz im Krieg 1914–1918 (Radiorazwedka na baltijskom teatre w wojnu 1914–1918). In: Morskoj Sbornik 12/1931.

Scheer, Reinhard: Deutschlands Hochseeflotte im Weltkrieg. August Scherl, Berlin 1920.

Schenk, Otto: SMS *Dresden* im Geschwader Spee. August Scherl, Berlin 1918.

Ders.: Mit falschem Kurs unter englischem Kommando. August Scherl, Berlin 1917.

Sigrist, S. W.: Entzifferung feindlicher Geheimschrift von englischer und deutscher Aufklärung im Weltkrieg (Rasschrifrowanije neprijatelskich schifrow anglisjskoj i germanskoj razwedkoj w Mirowuju wojnu). In: Morskoj Sbornik 4/1928.

Simpson, Colin: Die *Lusitania*. Fischer Verlag, Frankfurt/M. 1973.

Tirpitz, Alfred von: Erinnerungen. K. F. Koehler, Leipzig 1919.

Bibliotheken

Bibliothek für Zeitschichte, Stuttgart. Leiter: Professor Dr. Jürgen Rohwer

Sotatieteen Keskuskirjasto, Helsinki. Leiterin: Dr. Karin Kerkkonen.

Archive

Bundesarchiv-Militärarchiv, Freiburg/Br.
Public Record Office, London-Kew.

Bildnachweis

Bundesarchiv (7800 Freiburg und 5400 Koblenz): 12, 22, 36, 37, 55.

Per-Olof Ekman (SF 00350 Helsinki): 32, 53, 62, 65, 66, 77, 80.

Annelies Groß (5204 Lohmar-Heide): 9, 14, 15, 16, 18, 19, 23, 28, 31, 34, 35, 42, 48, 49, 51, 57, 58.

Imperial War Museum (London SE1 6HZ): 82, 93, 103, 109.

Museovirasto (SF 00100 Helsinki): 25, 59, 67, 70, 75.

Übriges Bildmaterial: Archiv des Verfassers.

Personen- und Schiffsregister

Der Autor

Matti E. Mäkelä wurde 1905 in Ruotsinpyhtää, Finnland, geboren. Nach dem Abitur arbeitete er als kaufmännischer Angestellter in Deutschland und Finnland, betätigte sich aber gleichzeitig als Verfasser von Aufsätzen, vorwiegend über Marinefragen. Er beherrscht neben Russisch, Deutsch und Englisch noch weitere Sprachen.
Im Jahr 1936 erschien sein erstes Buch in deutscher Sprache: *Souchon, der Goeben-Admiral, greift in die Weltgeschichte ein*. Diesem Werk folgten nach dem Zweiten Weltkrieg Marinebücher in finnischer Sprache.
Im Jahr 1939 wurde er zum Hauptschriftleiter der Marinezeitschrift *Laivastolehti* und zum Leiter des Marinebundes berufen. Im Krieg fand er, zum Offizier befördert, im Stabsdienst des Hauptquartiers Verwendung.
Das zweite Buch in deutscher Sprache, *Auf den Spuren der Goeben,* erschien 1979 im Verlag Bernard & Graefe.

Matti E. Mäkelä

Auf den Spuren der »Goeben«

141 Seiten, 156 Fotos, 4 Skizzen,
11 Kartenskizzen. Gebunden.
ISBN 3-7637-5217-X

Ein schönes Buch, in hervorragender Aufmachung . . . Die Beschreibung der Geschichte des Schlachtkreuzers *Goeben* – nachmalig *Javuz Sultan Selim* – von seiner Indienststellung 1912 bis zum Abschluß der Abwrackarbeiten im Februar 1976.
Marine-Rundschau

Diesen Lebenslauf hat der Autor mit viel Hintergrund angereichert und damit mehr als die »Story« eines Schiffes aufgezeichnet. Das reicht von Prinzipien des Schlachtschiffbaus bis zur Geheim-Diplomatie zwischen Berlin und Konstantinopel sowie Interviews mit Augenzeugen.
Nordsee-Zeitung

Der sachkundige finnische Autor legt eine ausgezeichnete . . . Lebensgeschichte der berühmten *Goeben* vor. Zahlreiche gute Photos, Tabellen und Kartenskizzen, die Schlachtverläufe aufzeigen, bereichern das empfehlenswerte marinehistorische Buch.
Allgemeine Schweizerische Militärzeitschrift

Es gibt kein Kriegsschiff auf der Welt, das so lange in den Diensten einer Flotte gestanden hat. Der Weg des Schiffes ist in diesem Buch anhand von vielen Fotos nachgezeichnet worden. Der Text unterstreicht zudem in eindringlicher Weise, was die *Goeben* im Laufe der vielen Jahrzehnte durchgemacht hat und wie viele Menschenschicksale mit diesem Schiff verbunden waren.
Wilhelmshavener Zeitung

Ein erstklassiges Sachbuch, dem seltene Fotos hohen Rang verleihen . . .
Marine

Siegfried Breyer/Gerhard Koop

Von der »Emden« zur »Tirpitz«

Band 1
Linienschiffe, Schlachtschiffe, Panzerschiffe und Flugzeugträger

2., korrigierte Auflage. 147 Seiten, 163 Fotos, 12 Zeichnungen, 31 Schiffsskizzen. Leinen.
ISBN 3-8033-0315-X

Band 2
Kleine Kreuzer, Leichte Kreuzer, Schwere Kreuzer und Spähkreuzer

152 Seiten, 181 Fotos, 10 Zeichnungen, 26 Schiffsskizzen. Leinen.
ISBN 3-8033-0316-8

Erich Gröner

Die deutschen Kriegsschiffe 1815 – 1945

Begründet von Erich Gröner (†)
Fortgeführt von Dieter Jung und Martin Maass

2., völlig überarbeitete und erweiterte Auflage. 6 Bände, ca. 1200 Seiten, ca. 1000 Seitenrisse und Decksplände. Leinen.
ISBN 3-7637-4806-7 (Gesamtwerk)

Frank Howard

Segel-Kriegsschiffe 1400 – 1860

Aus dem Englischen

256 Seiten, 388 Fotos, Skizzen und Detailzeichnungen (32 Abbildungen in Farbe). Leinen.
ISBN 3-7637-5239-0

Gerhard Koop

Emden. Ein Name – fünf Schiffe

176 Seiten, 169 Fotos, 56 Skizzen, 12 Tabellen. Leinen.
ISBN 3-7637-5406-7

Gerhard Koop/Kurt Galle/Fritz Klein

Von der Kaiserlichen Werft zum Marinearsenal

Wilhelmshaven als Zentrum der Marinetechnik seit 1870

216 Seiten, 363 Fotos, 6 Zeichnungen und Werftplände. Leinen.
ISBN 3-7637-5252-8

Kriegsschiffe der Welt 1860 – 1905

Aus dem Englischen

Band 1
Großbritannien und Deutschland
265 Seiten, 172 Fotos, 156 Schiffsskizzen. Leinen. ISBN 3-7637-5402-4

Band 2
USA, Japan und Rußland
233 Seiten, 120 Fotos, 133 Schiffsskizzen. Leinen. ISBN 3-7637-5403-2

Band 3
Frankreich, Italien, Österreich-Ungarn und übrige Marinen
Ca. 240 Seiten, zahlreiche Fotos und Schiffsskizzen. Leinen.
ISBN 3-7637-5404-0

Marine-Rundschau

1. und 2. Jahrgang 1890/91
Nachdruck. 670 Seiten, zahlreiche Abbildungen, Karten und Skizzen. Leinen mit Goldprägung.
ISBN 3-7637-5196-3

3. Jahrgang 1892
Nachdruck. 512 Seiten, zahlreiche Abbildungen, Karten und Skizzen. Leinen mit Goldprägung.
ISBN 3-7637-5236-6

4. Jahrgang 1893
Nachdruck. 626 Seiten, zahlreiche Abbildungen, Karten und Skizzen. Leinen mit Goldprägung.
ISBN 3-7637-5449-0

Peter Schupita

Die k.u.k. Seeflieger

Chronik und Dokumentation der österreichisch-ungarischen Marineluftwaffe 1911 – 1918

264 Seiten, 116 Fotos, 71 Flugzeugskizzen, 7 Tafeln mit Gliederung, Lagekarten, Flugzeugbemalung und Abzeichen. Leinen.
ISBN 3-7637-5426-1

Außer diesen führt der Bernard & Graefe Verlag noch über 400 weitere Titel in seinem Programm. Schwerpunkte: Marine, Militärgeschichte, Sicherheitspolitik, Luftfahrt, Wehrtechnik.

Bernard & Graefe Verlag
Karl-Mand-Straße 2 · D-5400 Koblenz